NICK NEDDO

Malwerkstatt Natur für Kinder

STIFTE, FARBEN, STEMPEL UND MEHR AUS NATURMATERIALIEN

Haupt
GESTALTEN

1. Auflage 2022 (1. Nachdruck 2025)

ISBN 978-3-258-60250-9

Gedruckt in der Provinz Guangdong, China TT082025
Um lange Transportwege zu vermeiden, hätten wir dieses Buch gerne in Europa gedruckt. Bei Lizenzausgaben wie diesem Buch entscheidet jedoch der Originalverlag über den Druckort.
Der Haupt Verlag kompensiert mit einem freiwilligen Beitrag zum Klimaschutz die durch den Transport verursachten CO_2-Emissionen. Dabei unterstützt der Verlag ein Projekt zur nachhaltigen Forstbewirtschaftung in der Zentralschweiz.
Wir verwenden FSC®-zertifiziertes Papier. FSC® sichert die Nutzung der Wälder gemäß sozialen, ökonomischen und ökologischen Kriterien.

Diese Publikation ist in der Deutschen Nationalbibliografie verzeichnet.
Mehr Informationen dazu finden Sie unter http://dnb.dnb.de.

Der Haupt Verlag wird vom Bundesamt für Kultur für die Jahre 2021–2026 unterstützt.

Aus dem Englischen übersetzt von Anne Taubert, D-Berlin
Lektorat der deutschsprachigen Ausgabe: Melanie Schölzke, D-Stuttgart
Satz der deutschsprachigen Ausgabe: Die Werkstatt Medien-Produktion GmbH, D-Göttingen
Buchgestaltung: Rita Sowins, Sowins Design
Fotografien: Susan Teare Photography, mit Ausnahme der Fotografien auf den Seiten 10 (unten) und 120
Illustrationen: Nick Neddo

Die englischsprachige Originalausgabe erschien 2020 unter dem Titel *The Organic Artist for Kids – A DIY Guide to Making Your Own Eco-Friendly Art Supplies from Nature* bei Quarry Books, einem Imprint von The Quarto Group
www.quartoknows.com

Wir verlegen mit Freude und großem Engagement unsere Bücher. Daher freuen wir uns immer über Anregungen zum Programm und schätzen Hinweise auf Fehler im Buch, sollten uns welche unterlaufen sein.

Haupt Verlag AG
Falkenplatz 14
CH-3012 Bern
herstellung@haupt.ch
www.haupt.ch

Verantwortlich in der EU (GPSR):
Brockhaus Kommissionsgeschäft GmbH
Kreidlerstr. 9
DE-70806 Kornwestheim
haupt@brocom.de

FSC www.fsc.org MIX Papier | Fördert gute Waldnutzung FSC® C016973

© Shutterstock, Huza Studio

Sie möchten nichts mehr verpassen?

Folgen Sie uns auf unseren Social-Media-Kanälen und bleiben Sie via Newsletter auf dem neuesten Stand.

www.haupt.ch/informiert

Haftungsausschluss
Das Nacharbeiten der Projekte in diesem Buch birgt ein Verletzungsrisiko.

Aus Sicherheitsgründen sollten Sie bei der Umsetzung der in diesem Buch beschriebenen Verfahren stets Vorsicht walten lassen, und die Kinder bei den jeweiligen Schritten altersgerecht unterstützen.

Der Autor und der Verlag können nicht garantieren, dass die beschriebenen Techniken von allen Kindern und Erwachsenen sicher ausgeführt werden können; sie übernehmen keinerlei Verantwortung für Schäden oder Verletzungen und lehnen jegliche Haftungsansprüche ab, die in direktem oder indirektem Zusammenhang mit dem Inhalt dieses Buches erhoben werden. Beachten Sie bei Aktivitäten in der freien Natur die jeweils geltenden Wald- und Naturschutzgesetze.

FÜR IRENE. Dein Einfluss auf meine kreative Entwicklung war gigantisch. Du hast die Basis dafür geschaffen, dass ich mein Potenzial erforschen und zu dem Künstler werden konnte, der ich heute bin. Die Liebe und die stetige Unterstützung, die du mir all die Jahre gegeben hast, war und ist mein Fundament.

INHALT

Kinder sind von Natur aus neugierig. Und sie werden es ihr Leben lang bleiben, wenn sie eine passende und von früh an gegebene Unterstützung Erwachsener erhalten. *Radnetzspinne*, Nick Neddo, gemalt mit Weidenrindentinte.

EINLEITUNG

WORUM GEHT ES IN DIESEM BUCH?

Mutter Natur ist meine Lieblingskünstlerin. Mit ihren Kunstwerken umgebe ich mich, und für mein kreatives Schaffen ist sie die entscheidende Inspirationsquelle. Tatsächlich ist mein Atelier mit einer ganzen Sammlung ihrer Schätze gefüllt.

Für Sie als Erwachsener ist dieses Buch eine Anleitung, die Ihnen zeigt, wie Sie Kinder an künstlerisches Arbeiten mit Naturmaterialien heranführen können. Zudem lernen Sie hier auch, wie Kinder die dafür notwendigen Werkzeuge mit den eigenen Händen fertigen können. In diesem Buch geht es um Spaß und Kreativität. Ist beides miteinander kombiniert, so zieht das Zusammenspiel unweigerlich einen Lernprozess nach sich.

An dieser Stelle werden Sie vielleicht genauer wissen wollen, was die Kinder – und eventuell auch Sie – aus den Projekten und Übungen dieses Buchs mitnehmen können. Es sind die folgenden Dinge:

- Erfindergeist,
- Kreativität und Experimentierfreude,
- Wissen über die Natur,
- künstlerisches Gestalten,
- Geschicklichkeit im Umgang mit Handwerkzeugen,
- Selbstbewusstsein,
- und natürlich: Aufbau und Erhalt einer gesunden Verbindung zu dem eigenen einzigartigen schöpferischen Potenzial.

Manche Projekte dieses Buchs sind so einfach, dass sie auch von sehr jungen Kindern zu bewältigen sind. Andere stellen eine etwas größere Herausforderung dar und benötigen die Aufsicht eines Erwachsenen. Je nach Schwierigkeitsgrad sind die Projekte mit einem, mit zwei oder mit drei Eichenblättern gekennzeichnet. Die jeweilige Anzahl gibt Ihnen einen Hinweis darauf, wie geeignet ein Projekt für ein bestimmtes Alter ist oder welchen Grad an Fertigkeiten es voraussetzt. Achten Sie daher auf die Eichenblätter, ehe Sie mit einem Projekt beginnen. Besondere Hinweise für Erwachsene sind bei den Anleitungstexten in Klammern eingefügt.

Ausgiebiges Spielen, das sich mit Ruhephasen abwechselt und das sich wiederholt – für ein gesundes Lernen im frühen Alter ist das von enormer Wichtigkeit. *Sommerkitz*, Nick Neddo, gezeichnet mit Holzkohle aus Weidenrinde.

VORBILDFUNKTION UND MENTORING

Dieses Buch gibt Kindern Verantwortung und schneidet sie nicht von wertvollen Lernmöglichkeiten ab – ganz im Gegenteil. Zum einen geht es in diesem Buch darum, das künstlerische Tun der Kinder zu fördern und die dafür benötigten Werkzeuge mit den Mitteln der Natur anzufertigen. Zum anderen hat es das Ziel, junge Menschen mit neuen Fähigkeiten und Kenntnissen auszustatten, vor allem auch mit Blick auf die ihnen oft verborgenen Lebenswelten der regionalen Landschaft. In den letzten zwanzig Jahren, in denen ich Kindern und Erwachsenen Wissen über die Wildnis und die Natur vermittelt habe, ist mir immer wieder aufgefallen, wie viele junge Menschen den Umgang mit einfachen Werkzeugen nie beigebracht bekommen, weil es eine Angst vor Verletzungen gibt. Doch die Ironie dabei ist: Die größte Gefahr von scharfen und spitzen Werkzeugen liegt tatsächlich im mangelhaften Geübtsein im Umgang mit ihnen beziehungsweise im Fehlen einer guten Anleitung. Das Buch enthält auf den Seiten 34 bis 35 und 56 bis 57 von mir entwickelte Sicherheitsregeln für den Umgang mit Messer und Feuer – beide gehören zu meinen Lieblingswerkzeugen. Da diese Regeln bereits bei einigen der ersten Projekte eine Rolle spielen, sollten Sie sie vorher gelesen und verinnerlicht haben, um sie anwenden und an andere weitergeben zu können.

SPIELEN

Im Blick behalten sollten Sie zudem den entwicklungsfördernden Wert, den das Spiel im Leben von Kindern hat. Es gibt gute Gründe dafür, warum Spielen ein universelles Verhalten bei jungen Lebewesen der verschiedensten Spezies ist.

Selbst wenn eine Bärenmutter schwer um ausreichend Futter für ihre Jungen kämpfen muss, toleriert sie auch in Hungerzeiten das Herumtollen ihrer Kleinen, obwohl es doch wie eine Verschwendung wertvoller Kalorien erscheint.

Das Spiel stellt die Urform der Schule dar. Denn tatsächlich werden in den ersten Lebensjahren durch spielerisches Ausprobieren bereits viele grundlegende Fähigkeiten erworben. Körperbewusstsein und Koordination werden erlernt, Kommunikationsfähigkeit und ein Gespür für soziale Dynamiken sowie Fähigkeiten zur Problemlösung und Anpassung, um nur einige zu nennen. Eine spielerische Haltung ist generell förderlich für die Lernfähigkeit. Wenn wir Menschen uns im Spiel (oder in der Entspannung) befinden, können wir die Neugier erleben, die uns zum Ausprobieren verleitet und oft zu kreativen Durchbrüchen verhilft.

Innehalten in der Natur fördert ein tieferes Ich-Erleben und die Verbundenheit zum Leben ganz allgemein. *Vogel in der Hand*, Nick Neddo, Stift mit Filzspitze.

RAUM FÜR KREATIVITÄT

Egal, ob Sie in einer kleinen Wohnung oder auf einem Gutshof leben – Sie sollten der Kreativität genügend Raum in Ihrem Zuhause geben. Und es ist großartig, wenn Sie ein eigenes Zimmer dafür frei machen können! Wenn das nicht geht, tut es auch eine Ecke des Wohnzimmers oder eine Kammer. Es sollte jedenfalls ein Bereich sein, an dem es eine Arbeitsfläche gibt. Hier sollte außerdem Zubehör (Papier und Stifte beispielsweise) seinen Platz finden – im Idealfall sollte nicht immer alles sofort und gleich aufgeräumt werden müssen. Sollte das unmöglich sein, dann ist das so. Ich betrachte das „Kreativsein" ja als etwas Heiliges. Es ist eine besondere Art der Geisteshaltung, die kommt und geht, so wie ein freundlicher Besucher, mit dem man eine Menge Spaß haben kann. Einen Platz zum Zeichnen, Malen oder Basteln in unserem Zuhause einzurichten, ist wie eine herzliche Einladung an den besonderen Gast der Kreativität. Denken Sie daran, wenn Ihre Kinder kreativ sind – unterbrechen Sie deren „Flow" also nicht mit Trivialitäten. Eines der wunderbarsten Dinge, die man in meiner Kindheit für mich getan hat, war dafür Sorge zu tragen, dass mir nie das Papier zum Zeichnen, Skizzieren und Kritzeln ausging. Danke, Oma.

ROHSTOFFE SAMMELN IN DER FREIEN NATUR

Im Allgemeinen sind die Lebensformen auf Mutter Erde widerstandsfähig. Aber in der heutigen Zeit sind sie fast ausnahmslos Stress von allen möglichen Seiten ausgesetzt. Dass sich dieses Problem nicht noch verschlimmert, dafür tragen wir alle Verantwortung. Und ebenfalls liegt es in unseren Händen, einen Beitrag zur Gesunderhaltung des Ökosystems zu leisten.

Den naturnahen Lebensraum zu schützen und zu pflegen, das sollte eigentlich so selbstverständlich wie das Atmen sein. Der Wunsch, einen Ort gesund zu erhalten oder gesunden zu lassen, folgt ganz natürlich aus einem Dankbarkeitsgefühl diesem Ort gegenüber. Es ist eine Dankbarkeit, die aus dem tiefgründigen Kennenlernen dieses Orts erwächst und entsteht. Dafür muss man dort in Ruhe

Zeit verbracht haben und allmählich Teil von ihm geworden sein. Daher ist es wenig verwunderlich, dass Menschen, die keinen Zugang zu unerschlossenen Landschaften hatten, oft kein wirkliches Gefühl der Zugehörigkeit zu diesen Orten entwickeln können. Gar nicht davon zu reden, dass diese Menschen den Wunsch haben, sie zu erhalten. Dabei muss es sich gar nicht unbedingt um die „Wildnis" handeln: Die Verbundenheit zur Natur kann man auch in Parks, in einem Hinterhof oder sogar in einem sich selbst überlassenen Grünstreifen zwischen Gebäuden erleben.

Schopftintling, Nick Neddo, Zeichen- und Maltechnik mit Tusche aus dem dargestellten Pilz, dem Schopftintling *(Coprinus comatus)*.

DIE SUPERKRAFT DES MENSCHEN

Die größte Superkraft des Menschen ist seine Kreativität. Überlegen Sie einmal, wie lange der *Homo sapiens* schon auf dem Planeten Erde weilt: Es gibt ihn seit mindestens 200'000 Jahren, neue Erkenntnisse datieren diese Angabe sogar auf 300'000 Jahre und möglicherweise noch früher zurück.

Unsere steinzeitlichen Vorfahren lösten dabei all ihre Probleme ganz ohne die Verwendung von Metall, Plastik, Papier, Glas oder Elektrizität. Sie waren auf Holz, Knochen, Geweih, Stein, Elfenbein, Muscheln und andere

Detail aus einem der ältesten bekannten Kunstwerke, entdeckt in der Chauvet-Höhle in Südfrankreich.

Naturmaterialien beschränkt. Dennoch konnten sich die Menschen damals mit dem versorgen, was sie brauchten. Stellen Sie sich vor, Sie müssten alles, was Sie besitzen, gänzlich selbst herstellen. Sogar mit dem Zugriff auf moderne Möglichkeiten ist das nicht gerade einfach. Tatsächlich besiedeln wir dank unserer Vorfahren alle Klimazonen der Erde und haben Megadürren und Eiszeiten überlebt. Wären unsere Vorfahren nicht superschlau und kreativ gewesen, wären wir heute nicht hier.

HÄNDE

Die mächtigsten Werkzeuge in Sachen Kreativität sind natürlich unsere Hände. Was für großartige Dinge sie tun können! Wir benutzen unsere Hände fast pausenlos jeden Tag und nehmen es als selbstverständlich hin, grundlegend auf sie angewiesen zu sein. In vielerlei Hinsicht feiert dieses Buch unsere Hände und ihre wunderbaren Fähigkeiten.

ÜBER DIE BILDER UND ZEICHNUNGEN IN DIESEM BUCH

Sofern nicht anders vermerkt, wurden alle Kunstwerke in diesem Buch mit in der Natur selbst gewonnenen Materialien geschaffen. Ich hege die Hoffnung, dass die Bilder und Zeichnungen dazu inspirieren werden, das kreative Potenzial zu erkunden, das in den Projekten dieses Buchs steckt. Im Zuge der Projekte können Kinder viele verschiedene Fertigkeiten entwickeln und vertiefen:

- Sie verbessern ihre künstlerischen Fähigkeiten.
- Sie entwickeln Koordination zwischen Augen und Händen und erwerben Fähigkeiten im Umgang mit Handwerkszeugen.
- Sie trauen sich mehr zu!

In der Zeit, die wir mit Kindern verbringen, liegt die Zukunft buchstäblich in unseren Händen. *Berührung mit der Zukunft,* Nick Neddo, gemalt mit Steinpigmenten.

MAL-FARBE

Wir Menschen haben großes Vergnügen daran, ein Objekt oder eine Oberfläche farbig zu gestalten. Dieses Kapitel begibt sich auf die Spurensuche und erkundet, wie unsere Vorfahren in der Steinzeit Farben hergestellt haben.

Der Mensch malt schon seit langer Zeit. Die frühesten bekannten figürlichen Malereien fand man in Indonesien, sie entstanden während der Eiszeit vor etwa 35'000 Jahren. Aber auch davor haben die Menschen schon gemalt. In Südafrika entdeckte man eine 100'000 Jahre (!) alte Werkstatt, in der Menschen Steine zu Farbmitteln verarbeiteten. In Sambia wurden uralte Werkzeuge zur Herstellung von Farben entdeckt. Diese reichen noch weiter in die Vorgeschichte zurück, nämlich bis zu 400'000 Jahre. Schon bevor unsere Spezies, der *Homo sapiens*, überhaupt in Erscheinung getreten ist, haben unsere menschlichen Vorfahren gemalt, ehe sie irgendwann ausgestorben sind.

Unsere steinzeitlichen Verwandten investierten in die Herstellung ihrer Malereien viel Zeit und Mühe. Aus dem Aufwand und der Kunstfertigkeit, die aus ihren Arbeiten spricht, sowie der Unterstützung, die sie aus ihren Gemeinschaften erhielten, können wir folgern, dass ihnen das Malen wichtig war. Was könnte wohl der Grund dafür gewesen sein?

PROJEKT 1: MALEN MIT STEINEN

SCHWIERIGKEITSGRAD

MATERIAL

- Steine

Es gibt viele Arten von Farbmitteln, die aber alle zweierlei gemein haben: Sie bestehen aus Pigmenten, die mit einem Bindemittel vermischt sind. Darum wird es in den Projekten dieses Kapitels gehen. Erdfarbe ist die „wildeste“ unter den Malfarben und ihre Herstellung führt uns mitten hinein ins Abenteuer. Dieses erste Projekt ist das perfekte Einsteigerprojekt für Kinder.

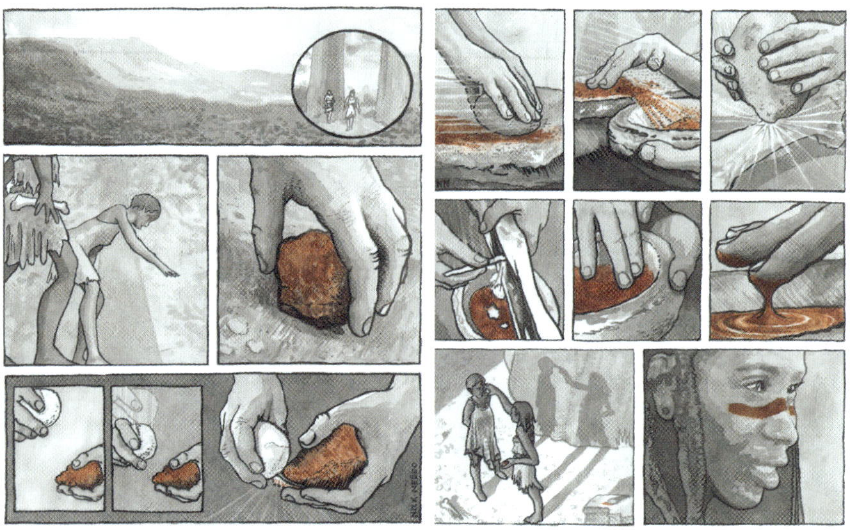

Die Farbenmacher, Nick Neddo, Fichtenruß und roter Ocker.

1

Eine große Vielfalt an Steinen findet sich oft an den Ufern naturbelassener Flussläufe.

Sobald man mit einem Stein wie mit einer Kreide einen Strich ziehen kann, eignet er sich zum Herstellen von Pigment und Malfarbe.

1: EIN NATÜRLICHES GEWÄSSER MIT STEINUFER SUCHEN

Um Steine zu finden, aus denen sich Farbstoffe gewinnen lassen, suchst du am besten nach einem fließenden Gewässer wie einem Bach oder einem Fluss. Du kannst aber auch an einem Seeufer fündig werden, an einem felsigen Strand sowieso. All diese Stellen sind typisch dafür, dass die Natur an ihnen eine interessante Auswahl verschiedener Steine zusammengetragen hat.

2: DIE RICHTIGEN STEINE

Aus jeder Art von Gestein kann man Farbpigmente gewinnen, die Frage ist nur, wie hart man dafür arbeiten muss. Die Farbprobe ist schnell gemacht: Nimm einen Stein, der gut in deine Hand passt, und ziehe damit einen Strich wie mit Kreide. Hinterlässt er Spuren, ist das ein Hinweis auf seine gute Eignung.

3: REIBEPROBE MACHEN

Finde einen größeren Stein, auf dem du mit dem ausgewählten Stein eine Reibeprobe durchführen kannst. Halte den ersten Stein so fest in der Hand, dass du ihn auf dem großen Stein hin und her reiben kannst. Halte 10 bis 20 Sekunden durch und drücke immer stärker auf. Hinterlässt der Probestein ein sandiges Häufchen Steinpulver, hat er den Test bestanden. Solche Reibereien lobe ich mir!

Bindemittel

Bindemittel sind Inhaltsstoffe, die man Pigmenten beimengt, um daraus Malfarbe zu machen. Mit der Hilfe der Bindemittel verwandelt sich ein Häufchen bunten Pulvers in eine eingedickte, leicht klebrige Paste, in der die Pigmentteilchen schwebend verteilt sind. Über ein Mischen der Pigmente mit Wasser würde man das nicht erreichen, denn Wasser ist zu dünn - die Pigmente würden zu Boden sinken. Ferner ermöglichen es Bindemittel, dass Farbe auf der Malunterlage haftet. Ohne Bindemittel würde man die Farbe nach dem Trocknen mit der Hand von der Oberfläche wischen. Ein und dasselbe Pigment kann mit fünf verschiedenen Bindemitteln angemischt werden, um fünf verschiedene Arten von Malfarbe zu erhalten. Beispiele für traditionell verwendete Bindemittel sind Eier, Kleister, Trockenöle, Baumharze und Pflanzengummi.

Pigmente sind für Farben wesentlich. Doch gäbe es nichts, mit dem die Pigmente vermischt und verklebt werden, blieben sie nur ein Haufen buntes Pulver.

Pigmente

Pigmente machen die Dinge bunt. Ihnen verdanken wir jegliche Farbe, die wir sehen können; die Zapfen und Stäbchen in unseren Augen verdienen dafür natürlich ebenfalls ein Lob!

Bei der Herstellung von Pigmenten sind zwei Kategorien zu unterscheiden: Pigmente aus Gestein und Pigmente aus organischen Stoffen (also Pflanzen, Tieren und Pilzen). Pigmente aus Gesteinen ergeben ein feines Pulver, während Pigmente aus Pflanzen und Pilzen normalerweise löslich sind. Im Allgemeinen verändern sich Steinpigmente – selbst nach langer Zeit – im Licht nicht, die organischen Pigmente hingegen schon. Denke an die Blätter eines Ahornbaums und wie sich die Farben des Sommers zum Herbst hin verwandeln: Die Pigmente in den Blättern zersetzen sich und aus Grün wird Gelb, Orange, Rot und dann Braun. Schließlich werden die Blätter wieder zu Erde.

OBEN RECHTS: Aus Steinen gewonnene Pigmente können bis zu ihrer Verwendung in Gläsern aufbewahrt werden.

RECHTS: Die Natur ist voll von farbgebenden Substanzen; einige sind ausgesprochen beständig, andere verblassen und zersetzen sich – so wie Herbstblätter.

4: EINMAL KRÄFTIG SPUCKEN

Die menschliche Spucke ist ein prima Bindemittel für Malfarben. Du bist also nicht der Erste, der seine Spucke zu diesem Zweck einsetzt. Gib vorsichtig, damit nichts wegspritzt, einen Tropfen Spucke auf das Steinpulver. Dann nimmst du deinen Finger, der nebenbei auch ein toller Pinsel ist, und verrührst die Spucke mit dem Steinpulver. Und jetzt sieh mal: Du hast gerade aus Pigment und Bindemittel eine Malfarbe angemischt!

TIPP: Nimm Trinkwasser auf dein Outdoor-Abenteuer mit. Dieses ist nicht nur wichtig, um zu überleben, es dient überdies dazu, die Spucke zu ersetzen, die du an die Farbe abgibst.

Spucke ist ein prima Bindemittel: Verrühre eine kleine Menge mit dem Pigment.

Viele Steine ergeben viele Farben!

5: FERTIG ZUM MALEN!

Diese einfache Malfarbe, die manche Spuckefarbe nennen, ist großartig für Körperbemalungen. Ich mag, wie es sich anfühlt, wenn ich die Farbe mit dem Finger auf meinen Unterarm streiche. So kann man auch an einem kurzen Streifen den Farbton testen und sehen, wie die Farbe wohl nach dem Trocknen aussieht. Wiederholst du das mit dem Pulver mehrerer Steine, hast du bald einen buntgescheckten Unterarm. Natürlich kannst du aber ebenfalls etwas anderes anmalen, etwa einen Felsbrocken, einen Ast oder ein Stück Baumrinde. Oder nutze einfach ein Stück Papier. Die Farbe wäscht sich leicht wieder ab.

Zum Ausprobieren: Malen mit Schlamm

Die passende Pfütze kann der perfekte „Farbtopf" sein. Dafür muss sie sich zunächst auf richtigem Erdboden gebildet haben. Eine Pfütze auf Beton tut es nicht. Die Pfütze sollte fast ausgetrocknet sein. Verrühre die oberste Schicht des feinen Schlamms (das sind die farbgebenden Pigmente) mit dem Wasser und vermale die Farbe direkt aus der Pfütze. Oder schöpfe ein wenig von der obersten Schlammschicht mit einem Becher ab. Anschließend fügst du ein Bindemittel hinzu, zum Beispiel Honig. Und schon kann es losgehen mit dem Malen!

PROJEKT 2:

STEIN-PIGMENTE

SCHWIERIGKEITSGRAD

MATERIAL
- Steine

WERKZEUGE
- alter Lappen oder ein Tuch
- Hammer
- Steinmörser und Stößel
- Schutzbrille und Staubmaske
- Schraubglas oder anderer Glasbehälter
- Trichter
- feines Sieb (zum Beispiel Teesieb)

Die Werkzeuge und Techniken zur Herstellung von Malfarben sind einfach. Sie wurden von unseren kunstsinnigen Vorfahren schon in der Steinzeit verwendet. Für haltbarere Malfarben als die aus Projekt 1 wollen wir zunächst Pigmente auf ergiebigere Weise gewinnen. Das folgende Projekt bildet die Grundlage, um verschiedene Malfarben und sogar Farbstifte anfertigen zu können – das Basismaterial sind Steine.

Unterschiedliche Steine bieten dem Farbenhersteller eine Auswahl an Farbtönen.

Die Steine werden im Mörser zu Pulver zerrieben.

1: DIE RICHTIGEN STEINE AUSWÄHLEN

Ist ein Stein größer als ein Pingpongball, ist er für unsere Zwecke zu groß und muss aufgebrochen werden. Dafür bringst du ihn zu einer harten Oberfläche, etwa zu einem größeren Stein. Lege ihn dorthin und decke ihn mit einem Stück Stoff ab. Schlage dann mit einem Hammer auf den abgedeckten Stein. Sollte er nach ein paar Schlägen nicht aufbrechen, ist er zu hart, um ihn später im Mörser zu zerreiben. Er ist für unsere Zwecke unbrauchbar.

2: STEINE IM MÖRSER ZERSTOSSEN

Sammle weiche Steine (siehe Projekt 1) und nimm sie mit an deinen Arbeitsplatz. Wenn es schön ist, arbeite draußen; wenn du drin arbeitest, dann tu das in der Nähe einer Dunstabzugshaube oder stelle einen Ventilator ins Fenster.

Fange mit kleinen Steinen an. Lege einen Stein von der Größe einer Murmel in den Mörser und stoße senkrecht von oben mit dem Stößel auf ihn ein. Erhöhe bei jedem Stoß ein wenig den Druck, bis der Stein in mehrere Teile zerbricht. Dann zerstößt du jeden Teil einzeln, bis auch er wieder in noch kleinere Bröckchen zerbröselt.

TIPPS: Trage Schutzbrille und Staubmaske bei der Herstellung von Pigmenten, besonders, wenn dies in großem Umfang geschieht.

Arbeite in einem gut durchlüfteten Raum oder im Freien.

Begnüge dich mit kleinen Mengen an Pigment und stelle nicht zu viel auf einmal her.

Pigmente kann man beispielsweise gut in einem Schraubglas aufbewahren.

3: STEINBRÖCKCHEN ZERMAHLEN

Hast du nur noch kleinkörnigen Kies im Mörser, gehst du mit dem Stößel zu einer kreisenden Bewegung mit Druck über – die Kraft wirkt sowohl nach unten als ebenfalls gegen die Wand des Mörsers. So zerreibst du die Kiesel zuerst zu Sand und dann noch feiner zu Pulver. Wünschenswert ist ein Pulver in der Feinheit von Mehl. Sieht es so aus, als wenn es so weit sein könnte, fühle mit den Fingern den Sand am Boden des Mörsers. Fühlt er sich noch körnig an, reibe weiter.

4: PIGMENTE IN SCHRAUBGLÄSER FÜLLEN

Bist du mit der Feinheit deines Farbpulvers zufrieden, schütte es durch einen Trichter in ein Schraubglas. Hebe dafür den Mörser über den Trichter und schiebe das Pigment mit den Fingern heraus. Größere Sandkörner, die noch enthalten sind, sollen beim Umfüllen mit einem feinen Sieb herausgefiltert werden.

(Mörser aus Stein können für kleine Kinder zu schwer sein. Am besten hält daher ein älteres Kind den Mörser und das jüngere „fegt“ ihn leer.)

TIPPS: Aus Holzkohle (siehe Projekte 10 und 11) kann man ein sattes schwarzes Pigment herstellen. Pulverisiere dafür die Kohle auf die gleiche Weise wie die Steine.

Lasse dir Zeit und genieße es, an einer sehr alten Tradition der Farbherstellung teilzuhaben.

Superfeiner Trick

Hier ist ein cooler Trick aus der Steinzeit für superfeines Steinmehl: Du musst dir nur noch ein wenig Wasser und zwei Schraubgläser organisieren.

- Gib dein fein zermahlenes Steinpulver in eines der Gläser.
- Füge genau so viel Wasser hinzu, dass das Pulver bedeckt ist.
- Setze den Deckel auf und schüttle das Glas. Sobald du damit aufhörst, setzen sich die verbliebenen größeren Steinteilchen am Boden ab, während die feinen im Wasser schweben.
- Nun filterst du die feinen Teilchen heraus, indem du die Flüssigkeit vorsichtig in das zweite Gefäß abgießt und den Bodensatz im ersten zurücklässt.

Das abgegossene Farbpulver kann sofort mit einem Bindemittel versetzt oder zum Trocknen beiseite gestellt werden. Hier hast du superfeines Pigmentmehl!

PROJEKT 3:

REZEPT FÜR EITEMPERA

SCHWIERIGKEITSGRAD

MATERIAL
- Eier
- Pigmente
- Wasser

WERKZEUGE
- kleine Schüsseln
- Zahnstocher
- Pinsel oder Zweig

Eitempera ist eine Malfarbe aus Farbpigmenten, ein wenig Wasser und dem Bindemittel Eigelb. Temperafarbe trocknet schnell und kann dann über 3500 Jahre lang halten! Tatsächlich hat Eitempera eine bewegte Geschichte, die bis ins alte Ägypten zurückreicht. Damals wurde sie zur Bemalung von Grabstätten und für gemalte Mumienporträts verwendet. Tempera ist einfach herzustellen und zählt zu meinen persönlichen Lieblingsfarben.

Eine Auswahl an Farbschalen zur Aufbewahrung und Verwendung handgemachter Farben.

Zum Ausprobieren: Experimentieren mit Bindemitteln

Bisher bist du zwar im Besitz von Farbpigmenten – aber wie kann daraus Malfarbe werden? Die folgenden Seiten und Projekte zeigen dir, wie du durch Zusatz verschiedener Bindemittel verschiedene Sorten von Malfarben aus deinen Steinpigmenten herstellst.

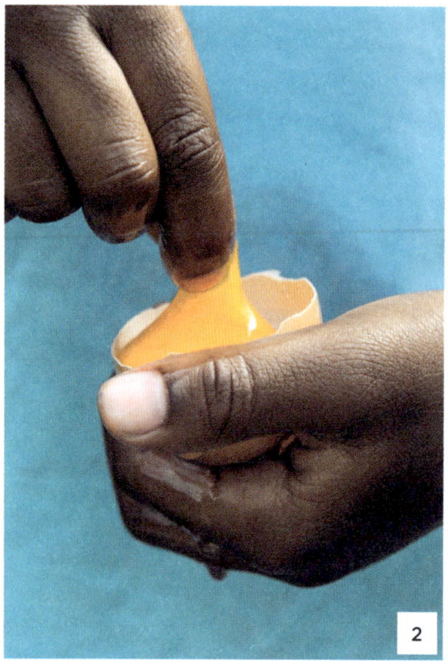

1: EIGELB VON EIWEISS TRENNEN

Fang ein Huhn. Okay, wir können ein paar Schritte überspringen: Schlag ein Ei auf – die Schale sollte dabei im Idealfall in zwei schöne Hälften brechen. Wir sind jetzt nur am Eidotter interessiert. Das Eiweiß ruiniert zwar unsere Farbe nicht, sie könnte dadurch aber etwas schleimig ausfallen. Halte das Ei über eine Schüssel und gib den Dotter mehrmals so vorsichtig wie möglich von einer Schalenhälfte in die andere. Dabei trennst du das Eigelb vom Eiweiß, indem du das Eiweiß nach und nach in die Schüssel abtropfen lässt.

2: BINDER VORBEREITEN

Ein Eidotter ist wie ein kleiner gelber Wasserballon mit schleimiger Haut. Du kannst das Dotter vorsichtig an seiner Haut fassen und aus seiner Schalenhälfte heben. Halte es über eine andere Schüssel oder die leere Eierschalenhälfte und stich es mit dem Zahnstocher oder einem anderen spitzen Gegenstand an. Das Innere fließt in dein Behältnis; die Haut des Eigelbs wirfst du weg.

3: FARBE ANMISCHEN

Füge dem Eigelb im Verhältnis von 1 Teil Pigment auf 1 Teil Eigelb etwas von deinem Farbpigment hinzu. Verrühre beide mit einem Pinsel oder einem kleinen Zweig. Das kannst du ebenfalls noch in der Eierschale tun. Oder du gibst alles in eine kleine Schüssel, wenn du das einfacher findest. Füge schrittweise immer nur wenig Pigment dazu: Die Farbe soll nicht so dick wie eine Paste werden. Anschließend gibst du etwas Wasser hinzu – das verhindert, dass alles zu schnell trocknet. Gib etwa 3 Teile Wasser auf 1 Teil Ei-Pigment-Mischung und vermenge alles gut miteinander.

Es ist so weit, du kannst mit der Farbe malen!

TIPP: Diese Art der Malfarbe nennt man Tempera. Nach dem Trocknen hält sie ewig; bis dahin allerdings lässt sie sich nicht gut lagern. Mische daher immer nur kleine Mengen an. Hast du mehr angerührt, als du verbrauchen kannst, füge wenige Tropfen Essig hinzu, dann lässt sich die Farbe für ein paar Tage im Kühlschrank aufbewahren. Wer einmal schlecht gewordene Eitempera gerochen hat, vergisst diese Lektion nicht so schnell!

PROJEKT 4:

WASSER-FARBEN

SCHWIERIGKEITSGRAD

MATERIAL
- Pigmente
- Wasser
- Honig

WERKZEUGE
- Gläser
- Rührlöffel
- Pipette (optional)

Jedes Bindemittel, das sich in Wasser auflösen lässt, ist geeignet für die Herstellung von Aquarellfarben. Üblich ist das Anmischen mit Gummiarabikum, dem Wundersaft der Akazienbäume. Dieser Naturstoff ist großartig und in Geschäften für Künstlerbedarf erhältlich. Da wir hier aber mit Inhaltsstoffen arbeiten wollen, die wir auf noch kürzerem Weg zur Hand haben, werden wir für unsere Aquarellfarbe Honig verwenden.

Das Pigment mit etwas Wasser glatt rühren …

… und Honig als Bindemittel hinzufügen.

1: ZUTATEN ZUSAMMENSTELLEN

Schütte ein wenig Farbpigment in ein kleines Glas und stelle Wasser und Honig bereit. Das Glas kann dir zugleich als Mischschale und als Farbtopf dienen. Bereite zunächst nur eine kleine Menge zu; gehe dabei von einer Menge von 2 Teelöffeln aus.

2: FARBIGEN SCHLAMM ANRÜHREN

Gieße ein wenig Wasser in dein Farbpulver, etwa im Verhältnis von 1 Teil Wasser auf 1 Teil Pigment. Gib immer nur wenig Wasser zum Pulver, sodass die Mischung nach dem Umrühren wie Schlamm anmutet. Es darf nicht zu viel Wasser sein. Denk daran: Sobald das Wasser einmal drin ist, kann man es schlecht wieder abgießen.

(Kleinere Kinder können mit einer Pipette arbeiten.)

3: HONIG HINZUFÜGEN

Füge zunächst etwa 1 Teil Honig auf 5 oder 6 Teile Farbschlamm hinzu. Die Beigabe der Bindemittelmenge ist keine exakte Wissenschaft, daher nützen uns feste Mengenangaben nicht viel. Im Endeffekt ist es eine Sache der persönlichen Vorliebe, wie dick man seinen Farbstoff gerne hätte. Soll die Farbe dicker sein, gibt man einfach mehr Bindemittel hinzu, soll sie dünner sein, verwendet man weniger.

Bei Verwendung von Honig nimmt man lieber zu wenig als zu viel.

TIPP: Sollte die Honigfarbe klebrig auftrocknen, lässt sich das durch ein wenig darüber gestreutes Pigmentpulver beheben; es muss natürlich das Pigment sein, mit dem die Wasserfarbe angerührt wurde! Beim nächsten Mal hast du dann schon an Erfahrung gewonnen und verwendest weniger Honig.

Zum Ausprobieren: Andere Bindemittel für Wasserfarben

WEISSLEIM

Mit Weißleim erhält man eine Farbe, die Eigenschaften von Acryl- und Aquarellfarbe besitzt, je nachdem, wie viel Wasser man hinzufügt. Kommerzieller Kleber wurde früher aus tierischen Proteinen, dem sogenannten Kollagen, hergestellt, aus dem auch Gelatine besteht. Heutzutage sind die gebräuchlichsten Bastelkleber, die aus ungiftigem Weißleim (oder die PVA-Kleber). Sie sind gut als Bindemittel geeignet und eine bequeme und schnelle Lösung zum Anfertigen von Farbe aus Steinpigmenten (besonders für jüngere Kinder). Denn in den meisten Haushalten steht eine Flasche davon sowieso herum. Verwende den Weißleim mit Wasser im gleichen Verhältnis wie Wasser und Honig (siehe Seite 27).

GELATINE

In den meisten Lebensmittelgeschäften gibt es geschmacksneutrale, ungefärbte Gelatine in kleinen Abpackungen zu kaufen. Eine kleine Packung Gelatine reicht eine Weile, da du nur wenig davon brauchst. Verwende etwa 1 Blatt Gelatine oder ½ Teelöffel Gelatinepulver auf 5 oder 6 Teelöffel der Farbe-Wasser-Mischung, wobei du heißes Leitungswasser zum Anrühren verwendest.

ZUCKER UND AHORNSIRUP

Was haben diese beiden gemeinsam? Okay, sie sind süß, aber was noch? Sie sind, wie Honig, dickend und wasserlöslich. Das sind genau die Eigenschaften, die ein Bindemittel für Wasserfarben haben sollte. Viel Spaß damit, nur füge nicht so viel dazu, dass die Farbe klebrig auftrocknet, denn sonst futtern sich nämlich vielleicht die Ameisen an deinem Kunstwerk satt. Ein kleines bisschen Zucker oder Ahornsirup reichen schon: Wenn du nicht zu viel in das Wasser mischst, erhältst du das passende süße Bindemittelchen für deine Wasserfarben.

SEIFE

Mit einem Tropfen Flüssigseife im Wasser zu experimentieren, das macht Spaß. Was eine so kleine Menge doch ausmacht!

Malen mit selbst gemachter Farbe, das bringt Freude und ist zutiefst befriedigend.

Pinsel sind vielseitig einsetzbare Werkzeuge und können auch selbst als kleine Kunstwerke betrachtet werden.

PINSEL

Was zeichnet einen Pinsel aus? Abgesehen von einem Griff haben die meisten von ihnen Borsten oder Haare, mit denen Farbe aufgetragen werden kann. Pinsel gibt es, seit Menschen Malfarbe verwenden. Und als erster Pinsel diente sicherlich der Finger.

Pinsel, egal welcher Form, sind mindestens ebenso alt wie die ersten Malereien, die Künstler aus der Steinzeit vor etwa 35'000 Jahren angefertigt haben. Tierknochen, Zweige, Blätter und Holzsplitter sind einige der Dinge, mit denen die Menschen in der Frühzeit malten. Aber wie ihre Pinsel aussahen oder wie kunstvoll sie vielleicht waren, darüber haben wir keine Kenntnis.

Pinsel in der heutigen Form wurden möglicherweise erstmals vor etwa 1300 Jahren in China hergestellt, aber tatsächlich weiß das niemand wirklich ganz genau. Damals bestanden die Pinsel oft aus Tierhaarborsten mit Bambusstiel und wurden mit Tinte und Tusche verwendet, um zu schreiben oder um Töpferwaren zu verzieren. Bis zum 14. Jahrhundert, der Zeit des italienischen Meisters Cennino Cennini, hatte sich jedenfalls der Pinsel, wie wir ihn heute kennen, über die ganze Welt verbreitet.

In diesem Abschnitt werden wir einige witzige Möglichkeiten kennenlernen, um Pinseln aus Spenden der Natur herzustellen.

PROJEKT 5:

AUF PINSEL-SCHATZSUCHE

SCHWIERIGKEITSGRAD

MATERIAL
- Farbe
- Papier

Auch die im Handel erhältlichen Pinsel gibt es in vielen Ausführungen. Dennoch sind meine Favoriten selbst gemachte Pinsel – bestehend aus Materialien, die man einfach so am Wegesrand findet. Für dieses Projekt brauchst du nur irgendeine Malfarbe, Papier und ein wenig Lust auf Abenteuer! Die Aufgabe besteht darin, verschiedene Dinge, die du unter freiem Himmel findest, als Pinsel auszuprobieren. Ich mache den Anfang mit ein paar Ideen – aber keine Sorge, ich lasse dich natürlich deine eigenen Entdeckungen machen!

In kreativen Händen kann vieles zum Pinsel werden.

Zum Ausprobieren: Experimentiere mit unterschiedlichen Formen

Wie viele verschiedene Arten von Pinselstrichen kannst du mit einer Hand malen? Erstelle ein Musterblatt mit den unterschiedlichen Strichen. Du kannst auch eigene Bezeichnungen für sie erfinden.

KIEFERNADELN

Viele denken alle Nadelbäume seien mehr oder weniger gleich. Aber Kiefern (*Pinus*-Arten) unterscheiden sich von anderen Nadelbäumen durch sehr viel längere Nadeln (2,5 cm oder länger). Diese langen Nadeln ergeben natürliche Malpinsel, mit denen man sofort loslegen kann. Suche dir einen Kiefernzweig, an dessen Ende ein Büschel von Nadeln sitzt: Die Nadeln sind die Pinselborsten und der Zweig der Griff. Ebenfalls kannst du ein Nadelbündel ohne Zweig als Pinsel verwenden. Richte einfach alle Nadelspitzen in gleicher Richtung aus und greife das Bündel am anderen Ende mit den Fingern.

LÖWENZAHNBLÜTEN

Die frischen Blüten des Löwenzahns (*Taraxacum officinale*) können, so wie sie sind, als Schwammpinsel verwendet werden. Tauche die Blüte in deine Farbe und schau, was du damit machen kannst!

FEDERN

Vogelfedern kommen in vielen Formen und Größen vor. Damit beim Malen zu experimentieren, kann viel Spaß machen. Manche Federn laufen in einer Spitze aus, andere sind eher rund oder gerade. Große Federn eignen sich hervorragend für breite Pinselstriche. Kleine Federn können dir beim Malen komplizierter Details wertvolle Dienste leisten. Halte beim Spazierengehen die Augen auf nach derartig wertvollen Schätzen!

BEEREN

Hast du schon einmal versucht, mit einer frischen Beere zu malen? Du wirst überrascht sein, wie gut das geht. Jede Beere bringt gleich ihren eigenen Farbstoff mit. Wenn der dir bei einer Beere „ausgeht“, ersetz die Beere einfach durch die nächste. Ich hatte immer sehr viel Freude beim Experimentieren mit Maulbeeren, Heidelbeeren, Himbeeren, Brombeeren und sogar Holunderbeeren.

TIPP: Wenn du mit den Fingern malst, solltest du immer einen Eimer mit Spülwasser und ein Handtuch in deiner Nähe haben. Wasche deine Hände, ehe du von einer Farbe zur anderen wechselst, damit die Farben sich nicht miteinander vermischen.

Zum Ausprobieren: Malen mit gefundenen Materialien

Fällt dir noch etwas aus der Natur ein, das wie Borsten aussieht? Halte deine Augen und deinen kreativen Geist offen für derartige Schätze.

Male ein Bild mit mindestens drei verschiedenen gefundenen Objekten, die du als Pinsel verwendest. Teste aus, wie viele unterschiedliche Pinselstriche du mit jedem „Pinsel“ kreieren kannst. Mache dir dabei keine Gedanken darüber, was du malst. Du kannst abstrakt und experimentell werden oder etwas aus deiner Fantasie gestalten.

Sicherer Umgang mit Messern

Die Anwendungsmöglichkeiten eines scharfen Taschenmessers sind unendlich. Es gibt viele Spezialwerkzeuge für die verschiedensten coolen Zwecke, aber meiner Meinung nach sollten wir lernen, so vieles wie möglich mit einem einfachen Messer zu machen. Es ist ein großer Gewinn, wenn man anstelle eines ganzen Sammelsuriums an Werkzeugen nur ein einziges benötigt.

Ein Messer kann jedoch in der Hand von jemandem, der nicht bei der Sache ist, gefährlich werden – das gilt sowohl für Kinder als auch für Erwachsene. Solange man sich nicht voll und ganz auf das, was man mit dem Messer vorhat, konzentrieren kann, sollte man es weglegen. Weitergemacht wird erst, wenn die Aufmerksamkeit wieder da ist. Dies ist besonders wichtig für junge Schüler, also für jene, die den „Weg des Messers" noch nicht gut kennen.

Es gibt ein paar grundsätzliche Regeln im Umgang mit dem Messer, die du immer befolgen solltest – zu deinem eigenen Schutz und dem der Menschen um dich herum. Ich habe in Schulungen Hunderten von jungen Menschen anhand dieser Regeln den sicheren und wirksamen Umgang mit Messern beigebracht. Wie wichtig die folgenden Punkte sind, das kann ich gar nicht genug betonen.

- WELCHES IST DAS RICHTIGE MESSER? Wähle entweder ein Messer mit feststehender Klinge und Schutzhülle oder ein Klappmesser, das aber unbedingt einen Verriegelungsmechanismus haben sollte. Achte zudem auf eine scharfe Klinge. Stumpfe Messer zwingen einen dazu, zu fest zuzudrücken, was oft zum Kontrollverlust über das Messer führt. Es klingt seltsam, aber ein stumpfes Messer ist ein gefährliches Messer.

- DIE SITUATION ÜBERPRÜFEN. Ist der Zeitpunkt gut gewählt, um mit einem scharfen Gegenstand zu hantieren? Ist jemand in der Nähe? Wenn die Menschen in deiner Umgebung nicht ahnen, dass du ein Messer benutzt, und gerade spielen und herumalbern, dann lege das Messer weg.

- AUF GENÜGEND SICHERHEITSABSTAND ACHTEN. Wenn sich jemand mit dir auf Armeslänge befindet, bist du dem anderen zu nahe. Suche dir dann einen Ort mit mehr Bewegungsfreiheit. Sobald jemand im Begriff ist, deinen Sicherheitsradius zu übertreten, ist es deine Aufgabe, das Messer jetzt einzustecken beziehungsweise es zusammenzuklappen. Bitte die Person dann, dir mehr Platz einzuräumen, damit du sie nicht versehentlich verletzt.

- SICH HINSETZEN. Suche dir, bevor du dein Messer öffnest und mit dem Schneiden oder Schnitzen beginnst, einen schönen Platz zum Hinsetzen. Wenn man beim Schnitzen herumläuft, ist das Verletzungsrisiko viel höher.

- STETS WEG VOM KÖRPER SCHNEIDEN. Jedes Mal, wenn ich mich mit einem Messer geschnitten habe, hatte ich diese Regel hier auf die eine oder andere Weise nicht befolgt. Nimm dir einen Moment, um dir den Weg der Klinge bewusst zu machen: Wo lang bewegt sich die Klinge während des Schnitts? Wo ist Punkt A und wo Punkt B? Stelle dir dann die Frage: „Befindet sich irgendein Teil meines Körpers in diesem Weg?" Das klingt vielleicht albern, aber wenn sich ein Körperteil in der Bahn der Klinge befindet, ist es nur eine Frage der Zeit, bis du dich schneidest. Wer mehr Sicherheit im Umgang mit dem Messer erworben und mehr Kontrolle darüber hat, kann bei bestimmten Schnitttechniken gegen diese Regel verstoßen. Doch mit einem Restrisiko bleibt dies verbunden.

- LEGE DEIN MESSER WEG, SOBALD DU ES NICHT BENUTZT. Verwendest du ein Klappmesser, klapp es zusammen und stecke es in die Tasche. Arbeitest du mit einem Messer mit feststehender Klinge, führe es in die Scheide. Sobald ein Messer offen herumliegt, kann es weggestoßen werden, man kann versehentlich darauftreten, man kann sich darauf setzen, es kann zerbrechen, stumpf werden oder verloren gehen. Grundsätzlich sollte die Schneide eines Messers niemals den Boden berühren.

Die wichtigste Technik im Umgang mit dem Messer kannst du mit jedem Schnitt üben: das richtige Schneiden. Beim richtigen Schneiden bewegt sich die Klinge in zwei Ebenen gleichzeitig über das Holz: Während sich die Klinge nach vorn schiebt, führt sie gleichzeitig auch eine Seitwärtsbewegung entlang der Schneide aus – die Schneide ist die geschärfte Kante der Klinge. In dieser zweiten Bewegung verläuft der Kontakt der Schneide von dem Klingenansatz am Griff bis zur Spitze. Achte darauf, dass die Schneide, während du die Klinge nach vorn durchziehst, stets in Kontakt mit dem Holz bleibt – am Ende des Zugs berührt die Klingenspitze als letzter Teil des Messers das Holz. Mit etwas Übung wird diese Bewegung für dich zur Selbstverständlichkeit. Weil du auf diese Weise mehr Kontrolle über das Messer hast und weniger Kraft aufbringen musst, ist das Beherrschen dieser Schneidetechnik eine bedeutsame Voraussetzung für den sicheren Gebrauch von Messern.

Bei feinen Schnitzarbeiten hast du mehr Kontrolle über das Messer, wenn du beide Daumen an den Messerrücken (den stumpfen Teil der Klinge) legst. Anstelle einer „schiebenden" Bewegung mit dem Arm beziehungsweise der Hand, die das Messer greift, schiebt der Daumen der Hand, die das Holz hält, die Klinge nach vorn. Dies gibt dir eine Menge Kontrolle und ist noch sicherer, weil der „Weg der Klinge" auf diese Weise viel kürzer ist.

Ein Messer ist ein enorm nützliches Werkzeug – mit ihm sicher und effektiv umgehen zu können, ist von unschätzbarem Wert.

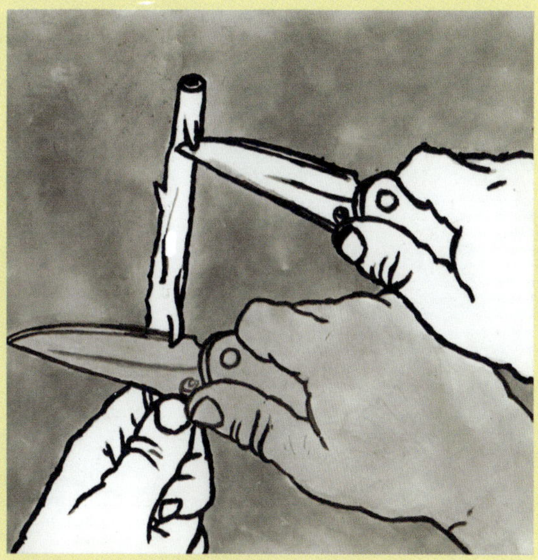

Die richtige Schnitttechnik: Der Klingenansatz berührt anfangs das Holz – am Ende des Zugs ist es die Klingenspitze.

PROJEKT 6:

PINSEL AUS GEKAUTEN ZWEIGEN

SCHWIERIGKEITSGRAD

MATERIAL
- frische Zweige

WERKZEUGE
- Gartenschere
- Taschenmesser

Ein Teil meiner „handgemachten" Lieblingspinsel ist tatsächlich nicht mit der Hand, sondern mit den Zähnen gemacht! Diese gekauten Pinsel bestehen aus Zweigen von Bäumen mit faserigem und bisweilen sogar wohlschmeckendem Holz. Diese Form von Pinseln ist vielleicht eine der ältesten, die schon von den Menschen in frühesten Zeiten verwendet wurden. Dennoch erfüllen sie ihre Funktion auch heute noch hervorragend. Für einen guten Pinsel gibt es einige Voraussetzungen zu beachten.

TIPP: Wähle zu Beginn dünne Zweiglein aus, mit mehr Übung kannst du dickere verwenden.

VORSICHT: Mache dich vertraut mit giftigen Pflanzen, Büschen und Bäumen; für dieses Projekt musst du die richtigen Zweige sicher erkennen können.

Suche dir biegsame und faserige Zweige aus – die Pflanzen müssen dabei unbedingt ungiftig sein!

1: FRISCHE ZWEIGE SUCHEN

Ich nehme für gekaute Pinsel gern Zweige von Zucker- oder Gelb-Birke (*Betula lenta* und *Betula alleghaniensis*). Einerseits haben sie einen tollen Wurzelbiergeschmack, andererseits haben sie aber vor allem lange Holzfasern, die, vorsichtig gekaut, perfekte Borstenpinsel ergeben. Wo keine Birken zu finden sind, eignen sich Buche, Ulme, Hickory, Eiche oder Ahorn. Diese Bäume sind dort, wo ich lebe, in Nordostamerika, heimisch. Finde heraus, welche Bäume in deiner Region alle langfaseriges Holz haben. Du darfst für dieses Projekt natürlich keine Zweige von Bäumen verwenden, deren Holz giftig ist. Schneide mit der Gartenschere einen Zweig von der Länge eines Bleistifts vom Baum und vergiss nicht, dich bei dem Baum dafür zu bedanken, dass er dir den Zweig geschenkt hat! (Ein Erwachsener sollte die Kinder bei der sicheren Bestimmung der Bäume unterstützen.)

2: RINDE ABSCHÄLEN

Schneide etwa 2,5 cm unter der Spitze den Zweig mit dem Messer rings herum ein: Dies nennt man einen Stoppschnitt. Setze das Messer in einem flachen Winkel am Stoppschnitt an und hebe rund um den Zweig die Rinde bis zur Spitze ab. Mit etwas Übung wird es dir gelingen, die Rinde von einem Zweig zu entfernen, ohne in das darunterliegende Holz zu schneiden.

3: ZWEIG KAUEN

Weil die Holzfasern zunächst spröde sind, lasse den Zweig anfangs eine Minute lang einfach nur durch den Speichel im Mund aufweichen. Solange er noch fest ist, solltest du nicht zu fest auf ihm herumbeißen. Drücke den Zweig anfangs nur sanft mit den Zähnen, quetsche ihn und kaue vorsichtig auf ihm herum. Zuerst lockern sich dabei die Holzfasern an der Außenseite, dann tun dies auch langsam und Stück für Stück die Fasern bis zur Mitte hin. Konzentriere dich tastend und geduldig mit den Zähnen auf die noch festen Stellen. Ehe du dich versiehst, wird das ganze Ende des Zweigs zu einem losen Bündel aus einzelnen Holzfasern.

PROJEKT 7

PINSEL AUS BOGENHANF

SCHWIERIGKEITSGRAD

MATERIAL
- Blatt eines Bogenhanfs, mindestens 12,5 cm lang

WERKZEUGE
- Gartenschere
- Schneidebrett
- Taschenmesser
- Schere

Die Blätter des Bogenhanfs (*Sansevieria*-Arten) sind ideale Pinsel. Diese Pflanze ist vor allem in den tropischen Gebieten Westafrikas beheimatet, aber auf der ganzen Welt eine beliebte Zimmerpflanze. Sie hat viele gute Eigenschaften, eine davon ist, dass die Fasern ihrer langen Blätter so stabil sind. Wir können aus den Blättern tolle Pinsel herstellen, die Fasern liefern uns die Borsten und das Blatt den Griff.

Wer nicht in den Tropen wohnt, findet Bogenhanf in unseren Breiten als Zimmer- oder Büropflanze.

Wir benötigen ein vollständiges Blatt, auf Bodenhöhe abgeschnitten.

1: EINEN BOGENHANF AUFTREIBEN

In den Tropen erfreut sich Bogenhanf eines Lebens in der freien Natur, dort wird er manchmal so groß wie ein durchschnittlicher Erwachsener. In kühleren Regionen ist es wahrscheinlicher, dass er einem in Innenräumen begegnet. Der Bogenhanf ist auch an überdachten öffentlichen Plätzen, zum Beispiel in Shoppingzentren, eine oft gesehene Pflanze, weil er ein Meister der Luftreinigung ist und monatelang überleben kann, ohne gegossen zu werden.

2: EIN BLATT VOLLSTÄNDIG ABTRENNEN

Schneidet man vorsichtig mit der Gartenschere ein ganzes Blatt auf Bodenhöhe ab, hat man genug Material für mehrere Pinsel. Und die Pflanze wird an genau der Stelle wieder ein neues Blatt austreiben. Von unten gemessen einen Abschnitt von 12,5 bis 15 cm Länge abschneiden: Das wird der erste Pinsel.

3: BLATT ABSCHABEN

Die Fasern für unsere Pinselborsten befinden sich im Inneren des Blattstiels. Um an sie heranzukommen, muss die wächserne grüne Außenschicht entfernt werden. Lege das Blatt auf ein Schneidebrett und schabe mit der Rückseite deines Taschenmessers (nicht mit der scharfen Seite!) am Blattende die grünen und fleischigen Teile des Blatts ab – mache dies auf einer Länge von etwa 2,5 cm. Je mehr sich das Grün und das Fruchtfleisch ablösen, desto deutlicher erkennt man die silbrig-blonden Fasern im Inneren. Drehe das Blatt und schabe von allen Seiten ab.

4: FASERN TRIMMEN

Mit einer scharfen Schere kannst du den freigelegten Fasern einen Haarschnitt verpassen und ihnen eine beliebige Pinselform geben. Das kann eine gerade Kante, eine schräg gestellte Keilspitze oder eine gerundete Spitze sein. Jede Form hat beim Malen einen bestimmten Vorteil.

TIPP: Übrig gebliebene Blattabschnitte eines Bogenhanfs werden in Blumenerde gesetzt, damit sie mit etwas Wasser und Geduld wieder Wurzeln bilden!

TIPP: Nimm beim Schaben die Klinge nach oben und halte sie in einem schrägen Winkel vom Körper weg, damit du dich nicht versehentlich verletzt.

Zum Ausprobieren: Dein persönliches Pinselset

Aus Bogenhanfblättern lassen sich Pinsel in vielen Formen und Größen herstellen. Dabei können dicke Teile der Blätter geteilt werden, um feinere/kleinere Pinsel zu erhalten.

Schaue auch einmal ganz genau hin und entdecke, was die Blätter des Bogenhanfs für interessante Muster haben. Versuche, die Muster auf einem Stück Papier nachzumalen, und probiere dabei deine neuen Pinsel mit Malfarben aus. Es ist völlig in Ordnung, wenn dein Muster nicht genau wie das des Blatts aussieht. Tatsächlich ist ja jedes Blatt der Pflanze anders gemustert. Zoom mit deinen Augen nah an einen kleinen Ausschnitt der Blattmusterung heran und übertrage diesen in vergrößerter Form auf dein Papier. Der Sinn dieser Übung ist, den Spaß daran zu entdecken, all die tollen Formen und Muster auf die eigene Art zu malen.

PROJEKT 8

MALMESSER AUS ZWEIGEN

SCHWIERIGKEITSGRAD

MATERIAL
- Zweig

WERKZEUGE
- Gartenschere
- Taschenmesser

Es gibt auch Malwerkzeuge, die keine Borsten haben. Viele Maler verwenden gern flache, biegsame oder spatelförmige Klingen, die Mal-, Spachtel- oder Palettenmesser heißen. Sie sind besonders gut geeignet, dicke Farbe aufzunehmen und sie auf der Fläche zu verstreichen beziehungsweise auf Personen, wenn man die bemalen möchte. Vielleicht das älteste bekannte Beispiel eines Farbspachtels fand man in der Blombos-Höhle in Südafrika. Das Werkzeug wurde aus einem flachen Knochen gemacht, ist ungefähr 5 cm lang und 100'000 Jahre alt! Es ist nicht schwer, sich vorzustellen, dass abgeflachte Gegenstände zu den ersten Malwerkzeugen gehörten, denn sie sind leicht herzustellen. Aus einem kleinen Zweig kann man gleich mehrere anfertigen und sie funktionieren hervorragend!

Aus fast jedem Zweig lässt sich ein Farbspachtel schnitzen.

Zerteile den Zweig in Stückchen von passender Größe und entferne die Seitentriebe.

1: ZWEIG AUSWÄHLEN

Nimm einen Zweig, der so dick ist wie dein Daumen. Suche dafür einen frisch herabgefallenen Zweig oder schneide einen ab, wenn der Baum oder Busch sowieso zurückgeschnitten werden muss. Fast jeder Zweig ist geeignet, aber achte darauf, dass die Pflanze nicht giftig ist und der Zweig weder morsch noch ausgetrocknet und brüchig ist.

2: ZWEIG VORBEREITEN

Hat der Zweig Seitentriebe, schneide diese mit der Gartenschere ab, sodass ein möglichst gerader Stiel bleibt. Teile den Zweig in 15 cm lange Abschnitte. Auch die abgeschnittenen Seitentriebe kannst du zu Malmessern verarbeiten. Selbst das kleinste Zweigende kann noch ein nützliches Malwerkzeug in deiner Sammlung sein!

3: SCHNITZEN

Wähle ein Ende des Zweigs und flache mit dem Taschenmesser die Spitze auf einer Länge von etwa 7 bis 10 cm ab. Schneide dafür scheibchenweise hauchdünne Holzspäne herunter. Bist du etwa auf der Hälfte der Holzstärke angelangt, drehst du den Zweig um und plattest auch auf der Rückseite die Spitze ab. Das sieht dann ungefähr aus wie bei einem Buttermesser, nur etwas dicker. Hebe solange dünne Späne ab, bis die hölzerne Klinge gleichmäßig biegsam ist. Wegknicken darf sie aber nicht.

Schneide ein Ende des Zweigs flach wie ein Buttermesser.

4: DIE SPITZE FORMEN

Lasse deine hölzerne Klinge diagonal auslaufen. So weist dein Malmesser zwei verschiedene Winkel auf, du kannst mit einem spitzen und mit einem stumpfen malen.

Zum Ausprobieren: Experimente mit dem Malmesser

Stelle dir dein eigenes Sortiment an verschiedenen Malmessern zusammen. Es wird dir Spaß machen, denn du kannst deine Schnitzfähigkeiten dabei üben und du hast am Ende eine Menge großartiger Malwerkzeuge zum Experimentieren.

Was hältst du davon, dein neues Malmesser mit selbst gemachten Farben auszuprobieren? Rühre dafür eine Serie von Farben etwas dicker (oder „pastöser") an, als du es normalerweise tun würdest. Teste aus, wie sie auf Papier, Haut, Holz oder jeder beliebigen anderen Oberfläche, die du dir aussuchst, aussehen.

Experimentiere auch mit verschiedenen Möglichkeiten, deine neuen Werkzeuge beim Malen in der Hand zu halten. Alle Künstler entwickeln ihren eigenen Stil und ihre eigenen Techniken. Mit ein wenig Übung wirst du viele coole Möglichkeiten für deinen einzigartigen, ganz persönlichen „Pinselstrich" entdecken.

PROJEKT 9

HAAR- ODER FELLPINSEL

SCHWIERIGKEITSGRAD

MATERIAL
- Haar (Menschen- oder Tierhaar von Pferden, Hunden, Ziegen etc.)
- hohle Zweige
- wasserfester Holzleim

WERKZEUGE
- Gartenschere
- Schere

Haar- oder Fellbüschel eignen sich wunderbar für Malpinsel. Jedes Haar und jedes Fell, ob es sich um dein eigenes, das eines Pferds oder anderen Tieres handelt, ist einzigartig. Folglich haben die Pinsel, die du daraus herstellst, jeweils ihren ganz eigenen Malcharakter. Für dieses Projekt kannst du jede Art Fell oder Haar nehmen. Je nachdem, wo und wie deine Familie lebt, sind Tierhaare vielleicht nicht so leicht für dich verfügbar: Damit die Dinge nicht unnötig kompliziert werden, werden wir das Haar des *Homo sapiens* verwenden: Also dein eigenes!

1

Beim nächsten Haarschnitt eine Strähne für dieses Projekt aufheben!

TIPPS: Rosshaar ergibt den perfekten Pinsel. Finde heraus, ob es in deiner Nähe Pferde gibt und freunde dich mit ihren menschlichen Besitzern an. Pferde brauchen ab und zu einen Haarschnitt. Steht ein solcher an, frage, ob du ein wenig Pferdehaar für dein Projekt bekommen kannst.

Auch von der Schur eines Hundes oder eines anderen Haustiers kannst du Haare aufheben.

1: HAAR SCHNEIDEN

Für einen Pinsel brauchst du nicht viel Haar. Eine Strähne mit etwa dem Durchmesser eines Bleistifts reicht aus, 4 bis 5 cm sollte sie lang sein. Steht bei dir gerade kein Haarschnitt an, dann vielleicht bei einem deiner Freunde? Vielleicht ist er oder sie bereit, dir eine Locke von sich oder sogar von seinem oder ihrem Haustier zu überlassen? Bewahre dein Haarbüschel bis zur Benutzung in einer kleinen Schachtel oder Tüte auf.

Zum Ausprobieren: Mache dich vertraut mit deinen Pinseln

Wenn du einen Pinsel aus Haaren hergestellt hast, bleibe dran und mache noch ein paar mehr! Der erste Pinsel ist immer der schwierigste. Und nun, da du schon Erfahrung in der Pinselherstellung gesammelt hast, versuche dich an einem dickeren Pinsel mit mehr Haaren und einem feineren mit weniger Haaren. Probiere verschiedene Arten von Haaren aus. Und finde dabei auch heraus, wie lang du die Borsten idealerweise schneidest und wie du die Enden optimal formst. Der beste Weg, dein Wissen in Sachen Pinselherstellung noch weiter zu verbessern, führt über das Malen – lerne die Pinsel kennen, denn jeder Pinsel malt auf seine eigene Weise.

Für einen Pinselschaft brauchst du hohle Stöckchen oder solche mit weichem Kern.

Die Haare werden mit wasserfestem Kleber in den hohlen Schaft geklebt.

2: HOHLE STÖCKCHEN HOLEN

Die meisten Zweige oder Stöckchen, die man so findet, sind nicht hohl. (*Bambusoideae*-Arten) und Schilfrohr *(Phragmites australis)* sind es allerdings, sodass sie sich hervorragend für unsere Zwecke eignen. Außerdem gibt es Pflanzenstängel, die einen weichen, markhaltigen Kern haben, den man aushöhlen kann, indem man einen kleineren Zweig oder einen Zahnstocher hineindrückt. Drücke das Mark auf diese Weise zusammen, bis am oberen Ende des Stöckchens ein Hohlraum entsteht, der etwa den Umfang eines Bleistifts hat und mindestens 1,5 bis 2 cm tief ist. Markhaltige Pflanzenstängel von einer guten Größe finden sich beispielsweise bei Schwarzem Holunder (*Sambucus nigra*), Hänge-Forsythie (*Forsythia suspensa*), Brombeere (*Rubus*-Arten) und Essigbaum *(Rhus typhina),* um nur einige zu nennen. Erkunde die Bäume und Sträucher in deiner Gegend und finde heraus, welche einen weichen Kern haben, der sich leicht aushöhlen lässt.

3: HAARE IN DEN STIEL KLEBEN

- Fülle das hohle Ende des Stöckchens mit wasserfestem Holzleim und stelle es dann aufrecht hin, bis du dein Haar- oder Fellbündel vorbereitet hast.
- Schneide das Ende des Haar- oder Fellbündels so ab, dass alle Haare bündig auf einer Höhe abschließen.
- Greife das Bündel von oben zwischen Daumen, Zeige- und Mittelfinger so nah wie mög-

TIPP: Verwende einen Formenständer wie in Projekt 14, um die Pinsel während des Trocknens aufrecht zu stellen.

lich an deinem gerade abgeschnittenen Ende. Versuche dabei, es in einem geordneten Bündel zu halten. (Für junge Hände kann das eine etwas knifflige Aufgabe sein.)

- Stecke die abgeschnittenen Enden in das Loch und drehe das Bündel wie eine Schraube hinein.
- Sind die meisten Haare drin, halte das Bündel weiter fest und drehe das Stöckchen oben am Schaft. Versuche das Haarbündel etwa 2 cm tief hineinzubekommen.
- Gib noch einmal etwas Holzleim auf die Übergangsstelle zwischen Schaft und Haarbündel und stell den Pinsel aufrecht hin. Lasse ihn mindestens 2 Stunden trocknen, bevor du ihn verwendest – besser länger.

4: BORSTEN IN FORM SCHNEIDEN

Die Borsten von Pinseln können in alle möglichen Formen gebracht werden. Schneide sie mit einer scharfen Schere in die Form, in der du sie haben willst. Schneide sie dabei anfangs nicht zu knapp ab, sondern auf einer Länge von etwa 2 cm. Kürzen kannst du sie später immer noch.

Pinselpflege

Pinsel sind empfindliche Werkzeuge, die aber bei pfleglicher Behandlung lange gute Dienste leisten werden. Hier im Überblick, worauf man achtgeben muss:

- **Wasche deine Pinsel nach Gebrauch immer aus. Spüle zumindest unter fließendem Wasser die Farbe aus den Haaren. Besser ist es, sie mit Seife auszuwaschen.**
- **Lasse deine Pinsel nicht zu lange in Wasser oder flüssiger Farbe stehen.**
- **Bewahre deine Pinsel geschützt und trocken auf.**

ZEICHEN-KOHLE

Holzkohle ist das schwarze Zeug, das aus organischen Materialien (wie Holz) entsteht, wenn diese unter Luftabschluss hocherhitzt werden. Holzkohle könnte gut und gerne das älteste Künstlerpigment sein. Wir Menschen haben wahrscheinlich schon so lange damit gezeichnet, wie wir Feuer benutzen. Beides geht Hand in Hand.

Ich habe unzählige Male Kinder dabei beobachtet, wie sie sich ein Stück Holzkohle vom Rand einer Feuerstelle stibitzen, um damit auf nahe gelegenen Steinen oder Baumstämmen zu zeichnen. Das scheint in der menschlichen Natur zu liegen. So ist es keine Überraschung, dass Holzkohle zu den bevorzugten schwarzen Pigmenten gehört, die unsere Cro-Magnon-Vorfahren während der letzten Eiszeit verwendet haben. Die Wände der Chauvet-Höhle in Frankreich liefern gute Beispiele dafür. Diese Zeichnungen wurden über einen langen Zeitraum hinweg immer wieder ergänzt, die ältesten stammen von vor etwa 32'000 Jahren! Das heißt, sie sind um etwa 27'000 Jahre älter als Stonehenge und die großen Pyramiden!

PROJEKT 10: KOHLE AUS DEM LAGERFEUER

Das erste Projekt dieses Kapitels ist eine Entdeckungsreise auf der Suche nach Holzkohle. Gehe an einen Ort, an dem Menschen Lagerfeuer machen – vielleicht ist das der eigene Garten oder ein Campingplatz. Suche nach Resten des verkohlten Feuerholzes an den Rändern der Feuerstelle. Sammle einige davon auf und probiere aus, wie sie sich als Zeichenstifte machen. Denke sie dir als Malstifte von Höhlenmenschen. Denn tatsächlich ist es Holzkohle in dieser Form gewesen, die deine Vorfahren aus der Urzeit auf ihre künstlerische Tauglichkeit prüften – sie war das erste Malmittel. Nimm einige Kohlestücke mit nach Hause und verwende sie bei deinen Zeichenabenteuern.

Zum Ausprobieren: Zeichnen mit Kohle

Male ein Bild ausschließlich mit Holzkohle, die aus einer erloschenen Feuerstelle stammt.

Genauso sah die erste Zeichenkohle aus.

PROJEKT 11

KOHLE AUS DER OFENBÜCHSE

SCHWIERIGKEITSGRAD

MATERIAL
- Metalldose mit Deckel (unbenutzte Farbdose, Teedose, Keksdose etc.)

WERKZEUGE
- Hammer
- Nägel

Nach dem Ausgehen eines Holzfeuers im Freien bleibt meist nichts weiter übrig als Asche. Verbrennt man das Holz dagegen in einem Brennofen, erhält man hauptsächlich Holzkohle. Meine Ofenbüchse ist so ein kleiner Brennofen, den man dabei direkt ins Feuer stellt. Mit diesem einfachen Gerät macht man sich die Zeichenkohle auf unkomplizierte Weise selbst. Früher haben die Köhler, die für die Erzeugung von Holzkohle zuständig waren, große Holzhaufen, sogenannte Kohlemeiler, errichtet. Diese waren aufwendig mit einer Schicht aus Lehm und Erde verkleidet, in ihnen hat man dann ein großes Feuer entfacht.

Als Brennofen für Holzkohle können vielerlei Arten von Metalldosen verwendet werden – wichtig ist, dass sie Deckel haben.

2

1: BÜCHSE MIT DECKEL BESORGEN

Suche dir einen Metallbehälter mit einem dicht schließenden Deckel. Halte beim Trödler oder im Lebensmittelgeschäft die Augen offen nach Bonbondosen, Teedosen oder Keksdosen (brauchst du gerade Kekse?). Eine weitere Möglichkeit besteht darin, eine kleine unbenutzte Farbdose im Farbengeschäft zu erwerben. Es gibt diese Dosen dort nämlich mit einem schön dichtschließenden Deckel leer zu kaufen. Ich habe auch schon gusseiserne Töpfe verwendet.

2: FÜR ABZUGSLOCH SORGEN

Schlage mit einem Hammer einen Nagel in den Deckel der Dose: Das Loch ist dein Abzugsloch. (Jüngere Kinder brauchen dabei vielleicht die Hilfe eines Erwachsenen.) Wenn Holz verbrennt und sich in Holzkohle verwandelt, setzt es Gase frei. Diese Gase müssen aus der Ofenbüchse entweichen können, sonst bauen sie Druck auf und sprengen den Deckel weg! Wenn das passiert, gelangt Luft (Sauerstoff) in die Büchse und das Holz verwandelt sich in Asche statt in Holzkohle. Pech gehabt!

Jetzt weißt du, wie man Zeichenkohle macht, und kannst gleich auf der nächsten Seite damit anfangen (siehe Projekt 12)!

PROJEKT 12: KOHLE-STÄBCHEN

SCHWIERIGKEITSGRAD

MATERIAL
- Weidenruten (Weinreben und verschiedene Kiefernarten sind ebenfalls geeignet)

WERKZEUGE
- Gartenschere
- Taschenmesser
- Ofenbüchse (siehe Projekt 11)
- Feuer
- feuerfeste Handschuhe (optional)

Eine hochwertige Zeichenkohle ist in der Lage, jede Schattierung der Grauskala bis hin zu tiefem, sattem Schwarz zu erzeugen. Obwohl einige der ältesten Kunstwerke der Welt mit ihr angefertigt wurden, ist Holzkohle ein empfindliches Medium, da sie leicht verwischt. Aber genauso wie ein ungeschütztes Kunstwerk durch diese Eigenschaft zerstört werden kann, können kreative Hände und Köpfe sie auch ganz bewusst einsetzen. Fanfarenstoß, bitte!

Weidenruten in verschiedenen Stadien der Verkohlung.

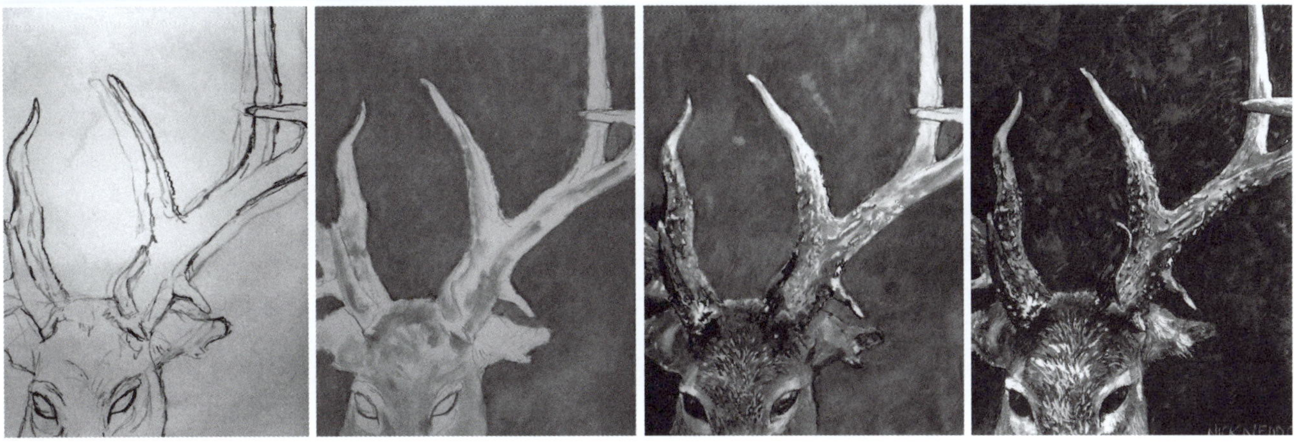

Eine Kohlezeichnung entsteht. *Herbst*, Nick Neddo, Zeichnung mit Weidenkohle.

Weiche Hölzer eignen sich besonders gut für die Herstellung von Zeichenkohle. Eine ausgezeichnete Wahl sind Weide und wilder Wein.

1: ROHSTOFFMATERIAL SAMMELN

Eine Zeichenkohle ist nur so gut wie das Holz, aus dem sie gemacht ist. Die drei am besten geeigneten Holzarten sind Weide, Kiefer und Weinreben. Künstler setzen schon seit langer Zeit auf diese Hölzer zur Herstellung von Holzkohle: Die 32'000 Jahre alten Kohlezeichnungen in der französischen Chauvet-Höhle wurden mit Kiefernholzkohle angefertigt.

Dir stehen Naturführer und viele andere Quellen zur Verfügung - informiere dich darüber, wie man Weiden, Kiefern und Weinreben eindeutig erkennt. Sie sind an sich in vielen verschiedenen Regionen zu finden. Du musst nur wissen, in welcher Umgebung du danach suchen musst. Schneide mit einer Gartenschere hier und da einen Zweig ab, aber nur so viele, wie du für das Projekt auch wirklich benötigst.

Schneide die entrindeten Zweige alle auf die gleiche Länge und presse so viele in die Ofenbüchse, wie es dir möglich ist.

TIPP: Macht der Deckel einen schwachen Eindruck oder sitzt locker, binde ihn mit Draht fest, damit er sich während des Brennens nicht öffnen kann.

2: RINDE ABSCHABEN

Um gute Zeichenkohle herzustellen, muss zuerst die Rinde von den Zweigen entfernt werden. Schabe dafür die Rinde mit dem Messerrücken ab, sodass die helle Farbe des darunterliegenden Holzes zum Vorschein kommt. Dies geht am besten bei frischen Zweigen, nicht so gut bei alten, ausgetrockneten.

TIPP: Hebe die Weidenrinde auf, wir werden in Projekt 18 Tinte damit herstellen.

3: AUF EINE LÄNGE SCHNEIDEN UND IN DIE BÜCHSE FÜLLEN

Ziel ist es, so viele Zweigstücke wie möglich in die Ofenbüchse zu packen, wobei sich der Deckel aber noch fest verschließen lassen muss. Miss die Länge, die gerade so in den Behälter passt, und schneide einen geschälten Zweig auf diese Länge zu. Nun kannst du diesen Zweig als Muster verwenden, um alle anderen auf die gleiche Länge zu schneiden. Stopfe so viele Zweige in die Ofenbüchse, bis keine mehr hineinpassen. Dann setze den Deckel fest darauf.

4: FEUERSTELLE ERRICHTEN

Siehe Seite 56.

5: BÜCHSE INS FEUER STELLEN

Baue deine Ofenbüchse in der Feuerstelle so ein, als ob sie ein weiteres Stück Brennholz wäre. Lager armdicke Holzscheite rund um sie herum, sodass sie vollständig von Holz umgeben ist.

Das Tipifeuer

Brennholz so nach Größen gestapelt, dass man es von der Feuerstelle aus gut erreichen kann.

Sich das Feuer zum Freund zu machen, ist in vielerlei Hinsicht von Bedeutung und reicht weit über das Herstellen von Zeichenkohle hinaus. Ich glaube, dass der verantwortungsvolle Umgang mit Feuer schon im Kindergarten erlernt und ein Leben lang geübt und verbessert werden sollte. Auch in der modernen Welt zeigt sich noch in vielerlei Formen, wie wichtig das Feuer für unser Leben ist und wie sehr wir darauf angewiesen sind. Doch wie viele Menschen wissen tatsächlich, wie sie vorgehen müssen, um in der freien Natur ein Feuer ohne chemische Anzündmittel zu entfachen?

Es gibt viele Aufbauweisen für ein Feuer, aber eine Methode ist auch bei unterschiedlichsten Witterungsbedingungen besonders zuverlässig: das Tipifeuer. Aus diesem Grund empfehle ich, diese Art des Feuermachens vorrangig vor allen anderen Alternativen zu üben.

A: EINEN GUTEN PLATZ FÜR EIN FEUER WÄHLEN. Vergewissere dich, bevor du ein Feuer machst, dass in dem gewählten Gebiet kein Verbot für offene Feuer besteht. Sind offene Feuer untersagt, ist es absolut notwendig, das zu respektieren. Warte in diesem Fall, bis das Feuerverbot aufgehoben ist, oder wähle einen anderen Ort, an dem keine Brandgefahr besteht.

Lege dir einige Steine dicht zusammen, sie bilden die Feuerbasis. Diese schützt einerseits den Boden vor der großen Hitze und andererseits das Feuer vor der Kälte von unten. Fehlt dir ein geeigneter Ort in der freien Natur, kannst du auf einen Grill, eine Feuerschale, einen Holzofen oder einen Kamin ausweichen.

Ist für den Notfall Wasser in der Nähe? Hast du welches dabei?

B. BRENNMATERIAL SAMMELN. Betrachte das Feuer als ein Lebewesen und das Brennholz als dessen Nahrung. Um ein Feuer gut zu nähren, braucht es totes, trockenes Holz. Bewahre dein Feuerholz nicht auf dem Boden auf, wenn du dich in einer feuchteren Region befindest.

Lerne, wie du zu allen Jahreszeiten erkennen kannst, ob ein Baum tot oder lebendig ist. Wenn du einen Zweig biegst und der nicht bricht, lasse ihn in Ruhe.

Ein Tipifeuer wird aus stehend geschichtetem Holz konstruiert, im Inneren befinden sich die dünnsten Zweige, die dicksten am äußeren Rand. Die Holzscheite jeder Schicht sind etwas dicker und länger als die der vorherigen.

- ZUNDER: Zunder bezeichnet ein feines, sehr brennbares Material, das zuletzt unter alle anderen Holzschichten gelegt wird, um das Feuer zu entzünden.
- REISIG: Die wichtigsten Bestandteile der Feuernahrung sind die kleinsten – sie fachen das Feuer an. Reisig besteht aus sehr dünnen Zweigen. Suche nach solchen, die gerade so dick sind wie der Schwanz einer Maus oder die Mine eines Bleistifts. Beim Abbrennen erzeugen diese Zweiglein ein heißes Feuer, das aber schnell ausbrennt, wenn sich nicht sofort der nächste Brennholzbestandteil anschließt: die „Bleistiftzweige“.
- BLEISTIFTZWEIGE: Diese Zweige haben etwa den Durchmesser eines Bleistifts, sind aber noch nicht so dick wie ein Daumen.

- MARKIERSTIFTZWEIGE: Die nächste Stärke an Brennholz, die es zu sammeln gilt, ist Holz vom Durchmesser eines dicken Markierstifts. Allerdings sollte es mindestens doppelt so lang sein wie dieser.
- ARMDICKE ZWEIGE: Die nächste Schicht soll aus Ästen bestehen, die den Durchmesser deines Handgelenks haben und etwa so lang sind wie dein Unterarm vom Handgelenk bis zum Ellbogen.

C. DAS SCHICHTEN DES TIPIFEUERS. Ein Tipifeuer hat eine eingebaute „Türöffnung". Diese gibt Spielraum für das Einlegen des Zunders, den du zum Anzünden brauchst. Dazu kommt, dass die Öffnung das Feuer atmen lässt - so kann es sehr heiß und ohne große Rauchentwicklung brennen.

- Teile die dünnsten Zweige in zwei Bündel und nimm in jede Hand eines.
- Lege die Bündel 12 bis 15 cm voneinander entfernt in die Mitte deiner Feuerstelle und führe die oberen Enden der Bündel zusammen. Sie stützen sich gegenseitig und ergeben die Schenkel eines Dreiecks.
- Mache aus dem Dreieck einen zeltförmigen Kegel, indem du die Zweige am Boden kreisförmig auseinanderstellst oder durch weitere ergänzt. Auf diese Weise ergibt sich im Inneren ein zeltförmiger Hohlraum, der durch eine „Vordertür" zugänglich bleiben sollte.
- Nimm dann die nächstgrößeren „Bleistiftzweige" und stelle diese gleichmäßig um die Grundfläche, wieder unter Aussparung der Türöffnung. An diesem Punkt sollte die Konstruktion 20 bis 30 cm hoch und von der Grundfläche her etwa ebenso breit sein.
- Auf die gleiche Weise reihen sich dann die „Markierstiftzweige" ein: Lehne sie gleichmäßig verteilt gegen die vorige Holzschicht, oben in der Mitte laufen sie zur Kegelspitze zu. Und lasse den Zugang offen.
- Wiederhole diesen Vorgang mit all deinem Brennholz, sortiert von klein nach groß. Mit jeder Schicht nimmt die Konstruktion an Umfang und Höhe zu.

Lasse ein Feuer niemals unbeaufsichtigt und kontrolliere, ob es vollständig erloschen ist, bevor du den Ort des Lagerfeuers verlässt. Gieße Wasser darauf, bis sich kein Rauch mehr zeigt.

Der fertige Aufbau des Tipifeuers, bereit zum Anzünden.

Es ist schön, am Feuer zu sitzen und seine Gesellschaft zu genießen, während die Holzkohle vor sich hin brennt.

6: ANFEUERN

Setze den Zunder in Brand und entzünde damit das Lagerfeuer. Um dies zu erreichen, gibt es mehrere Wege: durch Reibung, mit Streichhölzern oder einem Feuerzeug. Schichte, während das Feuer herunterbrennt, neues Holz um die Ofenbüchse, trage dabei möglichst feuerfeste Handschuhe.

In dem Moment, in dem das Holz in der Büchse zu kochen beginnt, steigt eine Flamme aus dem Abzugsloch auf. Die Flamme zeigt an, wie die natürlichen Holzgase beim Entweichen aus der Dose verbrennen. Verschwindet die Gasflamme, hat das Holz seine Umwandlung in Holzkohle beendet.

7: DIE OFENBÜCHSE ÖFFNEN

Am besten wartest du, bis das Feuer vollständig erloschen ist, bevor du die Büchse mit ihrer wertvollen Ladung aus dem Feuer holst. Wenn du nicht abwarten kannst, hebe die Büchse mit frischen Ästen oder Feuerhandschuhen aus den Flammen. Aber Vorsicht: Wird der Deckel zu früh abgenommen, können sich die heißen Holzkohlestäbchen durch den plötzlichen Kontakt mit Sauerstoff entzünden und zu Asche verbrennen. Lasse deshalb die Ofenbüchse vollständig abkühlen, ehe du sie öffnest.

Jetzt, nachdem die Ofenbüchse abgekühlt ist, kannst du sie öffnen und deine neue Zeichenkohle unmittelbar zum Zeichnen nutzen!

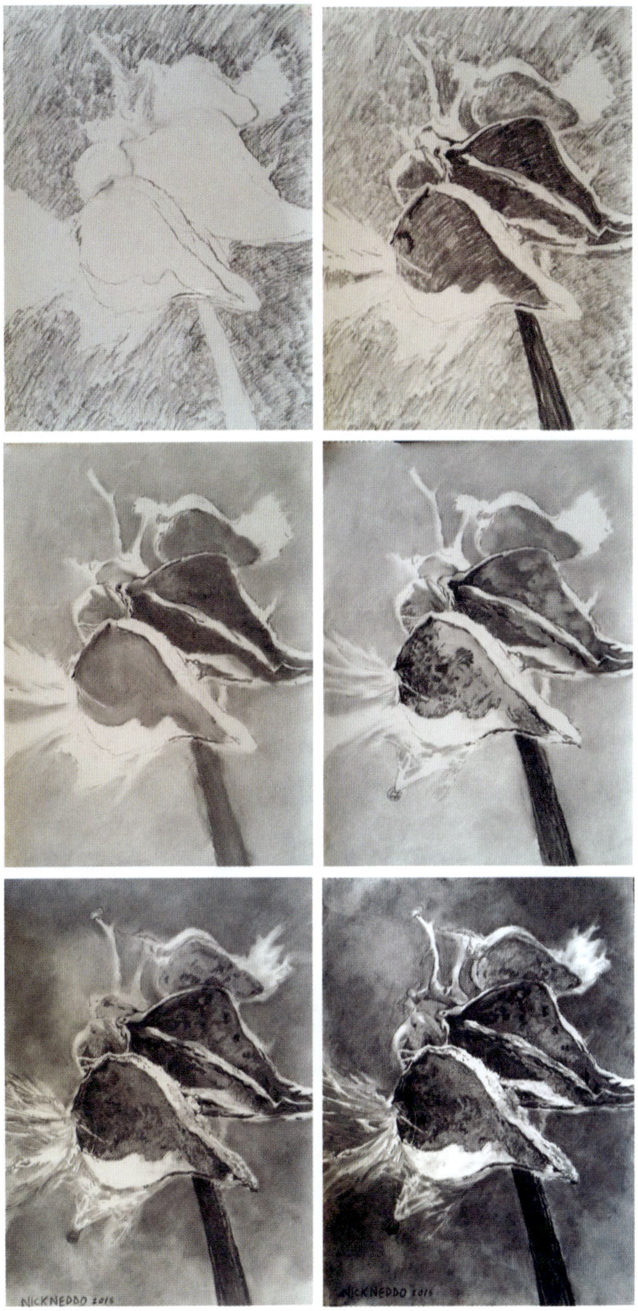

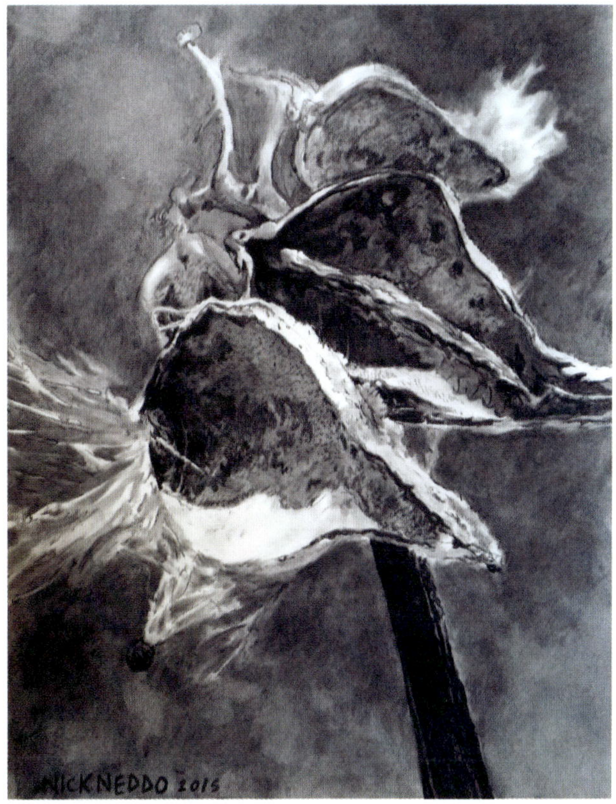

Samenkapseln der Seidenpflanze, Nick Neddo, Zeichnung mit Kiefernholzkohle.

Zum Ausprobieren:

Es gibt so viel, was du mit deinen neuen Holzkohlestäbchen machen kannst! Du kannst sie zum Beispiel verwenden:

- für Rubbelbilder (Projekt 27),
- für den Schablonendruck (Projekte 30 und 32),
- als Rohstoff für Farbmittel (Projekte 1, 2, 3 und 4),
- als Rohstoff für Tinte (Projekt 17),
- zum Herstellen von Wachsmalstiften (Projekt 15),
- oder schlicht, um mit ihnen drauflos zu zeichnen.

Fertige mit deiner Holzkohle eine Graustufenskala an. Probiere aus, wie viele verschiedene Grautöne du zeichnen kannst. Welcher ist der hellste Farbton, den du hinbekommst? Welcher ist der dunkelste?

PROJEKT 13: KOHLE-HALTER

SCHWIERIGKEITSGRAD

MATERIAL
- hohle oder markhaltige Zweige wie Bambusrohr, Holunder, Essigbaum oder Brombeere

WERKZEUGE
- Gartenschere
- Ahle (oder ein kleiner, gerader Rundstab aus Hartholz)
- Taschenmesser
- kleiner Gummi- oder Holzhammer oder stabiler Stock

Kohlehalter dienen als Griff für Zeichenkohle. Sie ermöglichen gleich ein ganz anderes Arbeiten. Derartige Halter sind super, wenn du deine Zeichenkohle wie einen Pinsel oder einen Stift halten möchtest. Zeichenkohle ohne Halter zu nutzen, das kann eine ganz schön schmuddelige Angelegenheit sein, was manche aber durchaus als Teil des Vergnügens betrachten. Dennoch ist es gut, eine Alternative zu haben, bei der die Finger sauber bleiben. Dann kommt der Kohlehalter ins Spiel. Nebenbei verhindert die zusätzliche Länge, die der Griff mit sich bringt, dass man aus Versehen mit den Händen über die Zeichnung wischt und sie verschmiert. Das Anfertigen von Kohlehaltern ist ziemlich einfach und zahlt sich aus.

Kohlehalter können aus jedem hohlen oder markhaltigen Zweig gemacht werden.

So sehen markhaltige Zweige aus.

1: ZWEIGE FINDEN

Lerne Strauch- und Baumarten zu erkennen, die hohle oder markhaltige (schaum- oder korkartig gefüllte) Zweige besitzen. Sowohl die einen als auch die anderen geben prima Kohlehalter. Zweige von Bambus, Holunder, Essigbaum, Brombeere und Geißblatt sind gute Kandidaten.

2: SCHNEIDEN

Schneide die Zweige mit einer Gartenschere auf die Länge eines Bleistifts oder Pinsels. Beim Schneiden von Bambus setzt man den Schnitt am besten im Abstand von 5 cm zu einem Astknoten an, wobei der Knoten als Teil des Halters erhalten bleiben kann.

3: AUSHÖHLEN

Mit einer Ahle oder einem Hartholzstab presst du den markhaltigen Kern in den Zweig hinein, bis genügend Platz zum Einstecken des Kohlestäbchens entsteht.

4: KLEMMVORRICHTUNG EINSCHNEIDEN

Der Kohlehalter braucht nun eine Klemmvorrichtung, die das eigentliche Halten der Kohle übernimmt. Sie wird leicht rückfedernd sein, damit man die Zeichenkohle fest hineinklemmen kann.

(Seien Sie als Eltern/Erwachsene in der Nähe, um bei dieser Aufgabe zu helfen.)

- Stelle den Zweig aufrecht auf einen Tisch oder eine andere ebene Fläche.
- Lege das Messer genau in der Mitte der Stockspitze an, sodass zwei Halbkreise sichtbar sind, wenn du auf den Stock hinunterschaust.
- Nimm dann die Hand vom Stock weg und halte ihn allein durch den Druck des Messers senkrecht.
- Schlage mit der freien Hand oder mit einem kleinen Hammer (oder Stock) leicht auf den Klingenrücken, bis sich ein Spalt im Zweig auftut. Achte aber darauf, dass sich dieser nicht tiefer als maximal 2,5 cm in den Zweig hinein fortsetzt, sonst könnte dein Halter in zwei Teile zerbrechen!
- Füge rechtwinklig zum ersten einen zweiten Spalt hinzu, sodass der Zweig kreuzweise eingeschnitten ist.

5: KOHLE EINSTECKEN

Wähle ein Kohlestäbchen, das gleich dick oder minimal dicker ist als die Öffnung des Halters. Es sollte dabei etwa 5 bis 8 cm lang sein. Schiebe es zwischen die Greifer, bis es richtig festklemmt. Sitzt das Kohlestäbchen locker, suche nach einem dickeren und benutze dieses: Dann ist deine Zeichenkohle mit Halter einsatzbereit!

WACHS-MALSTIFTE

Malstifte können aus Kohle, Kreide oder anderen Materialien bestehen. Es gibt verschiedene Arten von Farbmalstiften, die nach der Art ihrer Bindemittel unterschieden werden. Pastellkreide ist zum Beispiel gepresstes Pigmentpulver. Wenn Wachs als Bindemittel verwendet wird, handelt es sich um Wachsmalstifte.

Die alten Ägypter benutzten zum Malen auf Stein heißes mit Pigmenten angemischtes Bienenwachs. Es scheint wahrscheinlich, dass sie auch ihre eigene Version von Wachsmalstiften entwickelt hatten, aber das wissen wir nicht mit Sicherheit. Im Europa des 16. Jahrhunderts stellten die Künstler Stäbchen aus Pigment her, bei denen auch Öl als Bindemittel zum Einsatz kam. Diese waren zwar durchaus ein gutes Zeichenwerkzeug, aber sie waren weich und verschmierten leicht. Schließlich wurde das Öl von Wachs als Bindemittel abgelöst; dadurch wurden die Stifte fester und einfacher zu handhaben: Der moderne Wachsmalstift war geboren.

Das Großartige an Wachsmalstiften ist, dass sie alles zum Malen in sich vereinen. Man braucht weder Tinte noch Malfarbe, kein Wasser und keine speziellen Werkzeuge oder Hilfsmittel – nur einen Stift und eine Fläche zum Malen.

PROJEKT 14:

WACHSMALSTIFTE MIT STEINPIGMENTEN

SCHWIERIGKEITSGRAD

MATERIAL
- Steinpigmente (siehe Projekt 2)
- Knöterich oder Bambusrohr als Gießform
- Bienenwachs

WERKZEUGE
- feingezähnte und scharfe Säge oder Taschenmesser
- Messer
- Pappkarton
- Klebeband und Wachspapier (optional)
- Kochplatte
- Verlängerungskabel für Strom (optional)
- Schneidebrett
- alter Kochtopf
- Rührstab
- kleiner Trichter
- Küchentücher

Die Art und Weise, auf die man eigene Wachsmalstifte herstellt, ist ziemlich cool. Noch cooler ist es, wenn du mit den eigenen Pigmenten und Gussformen aus Naturmaterialien arbeitest und natürliches Bienenwachs verwendest! Das Vorgehen, mit dem man feine Pigmente aus Steinen gewinnt, wird in Projekt 2 ausführlich erklärt. Voraussetzung für die Herstellung von Wachsmalstifte aus Steinpigmenten ist ein sehr feines Steinmehl.

Für dieses Projekt musst du zuerst wissen, wie man Steinpigmente herstellt. Das ist kein Problem! Nimm dir dazu die Projekte 1 bis 4 aus dem ersten Kapitel vor und kehre zu diesem Projekt zurück, wenn du deine Pigmente, wie dort angegeben, vorbereitet hast.

1

1: PIGMENTE AUFBEREITEN

Verfeinere deine Pigmente mit dem Wasserbad-Trick für superfeine Pigmente (siehe Projekt 2).

Die Pigmentteilchen, die du bei diesem Projekt brauchst, sollen so fein wie irgendwie möglich sein. Keinesfalls darfst du dicke oder körnige verwenden, denn sie sollen so lang wie möglich im heißen Wachs schweben bleiben. Sind die Pigmente grob und schwer, sinken sie in der Gussform zu Boden und ergeben einen minderwertigen Stift.

Lasse deine frischen Pigmente vollständig trocknen, bevor du sie mit dem Wachs vermischst.

TIPP: Verwende nur Pigmente, die superfein gemahlen und gründlich verarbeitet sind.

Bereite trockene Knöterichstängel so vor, dass du an beiden Enden einen Stift herstellen kannst: Dein Malstift hat auf diese Weise zwei Farben. Stecke die Stängel aufrecht in die Haltevorrichtung.

TIPP: Wenn du diesen Teil auslassen möchtest, kannst du stattdessen zum Gießen eine Silikonform verwenden.

2: GIESSFORMEN AUS KNÖTERICH ODER BAMBUS

- Lies dir zuerst den Text im Kasten über Staudenknöterich durch, damit du weißt, wie man ihn erntet, ohne ihn zu verbreiten.
- Sammle braune, trockene Stängel, die dick genug sind, dass ein Kinderdaumen hineinpasst. Zu dünne Stängel lassen sich nur schwer mit dem farbigen Wachs füllen und ergeben zerbrechliche Stifte.
- Schneide mit einer feingezähnten und scharfen Säge oder einem Taschenmesser die Stängel des Knöterichs so, dass sich in der Mitte eines 15 bis 25 cm langen Stängels ein Knoten befindet. Wichtig ist zudem, dass er an beiden Enden hohl ist.

Die Knoten werden den Boden der Wachsmalstifte bilden, sodass die langen, dünnen, becherförmigen Hohlkörper über und unter dem Knoten jeweils eine getrennte Gussform ergeben. Jedes Röhrchen ist somit doppelseitig, sodass zwei Stifte darin Platz finden können, die sich einen Boden teilen. Ist die eine Seite deiner Gussformen ausgehärtet, drehe die Röhrchen um, und ein weiterer Satz steht zum Füllen bereit!

Staudenknöterich ernten, ohne ihn zu verbreiten

Der Japanische Staudenknöterich ist eigentlich in Ostasien beheimatet. Unvorsichtigkeit und Unwissenheit haben aber dazu geführt, dass er in anderen Regionen der Welt verschleppt wurde, wo er sich etablieren und aggressiv verbreiten konnte. Aus kleinen Stängelstückchen und Wurzeln entwickeln sich beim Staudenknöterich sehr schnell neue Pflanzen. Von der Weltnaturschutzunion wird er als eine der Arten angesehen, die am stärksten in neue Gebiete eindringen – das ist eine sehr wichtige Einschätzung, die unsere Aufmerksamkeit verdient.

Das A und O beim Sammeln und Hantieren mit Knöterich ist es, unbedingt zu vermeiden, dass man „Lebendiges" von ihm, an neuen Orten verbreitet!

Sammel die Stängel im Herbst, nachdem sie ausgetrocknet sind. Suche nach braunen Stängeln, die aber noch frisch genug sind, um keine Risse zu haben, durch die der Knöterich kostbare Pigmente verlieren könnte. Du kannst auch grüne Stängel ernten und sie trocknen lassen – aber das darf nur innen geschehen, dort wo sie keine Chance haben, zu entweichen und eine neue Kolonie zu gründen.

Beginne mit der Verarbeitung der Knöterichstängel an Ort und Stelle, dort wo du sie erntest. Dadurch wird sichergestellt, dass Pflanzenteile, die du fallen lässt, zumindest in einem Gebiet heranwachsen, das bereits von Knöterich besiedelt ist.

Eine Formenständer herzustellen, das geht ganz schnell: Einfach mit dem Messer mehrere „X“ in einen Karton stechen.

Je kleiner das Bienenwachs geschnitten wird, desto schneller erwärmt und verflüssigt es sich. Halte die Hitze niedrig und rühre oft um.

TIPP: Klebe etwas Wachspapier auf den Boden deines Kartons, bevor du die Löcher für die Gussformen stichst. Das macht es einfacher, überlaufendes Bienenwachs aufzufangen. Nach dem Erkalten ziehst du das Bienenwachs vom Wachspapier ab und verwendest es weiter.

3: STÄNDER FÜR DIE GUSSFORMEN

Zum Aufstellen deiner Gussformen brauchst du eine Haltevorrichtung, zum Beispiel aus Karton. Stelle einen Karton mit dem Boden nach oben und steche mit dem Messer in regelmäßigen Abständen ein „X“ in den Boden. Stecke deine Gussformen aufrecht in diese Löcher.

4: ARBEITSPLATZ HERRICHTEN

Stelle die Stifte draußen her. Falls das Wachs zu heiß wird, kann nämlich Rauch entstehen. Stelle die Heizplatte auf eine ebene Fläche, dies kann ein flacher Stein sein, eine Betonfläche oder eine Tischplatte. Möglicherweise musst du ein Verlängerungskabel benutzen, damit du die Platte an eine Stromquelle anschließen kannst. Räume alle brennbaren Materialien, die Probleme verursachen könnten, aus dem Weg. Trag deine Materialien zusammen und stelle alle in Reichweite.

5: WACHS VORBEREITEN

Schneide, hacke und schabe als Nächstes das Bienenwachs in kleine Stücke, du nutzt dafür Messer und Schneidebrett. Gib diese Schnitzel dann in den alten Topf – es geht auch ein Metallbecher. Stell den Topf auf die Kochplatte und diese auf die niedrigste Heizstufe. Es dauert eine Weile, bis das Wachs schmilzt, aber das ist gewollt, damit das Wachs nicht verbrennt. Habe Geduld: Du kannst die Zeit nutzen, um die nächsten Schritte vorzubereiten.

Bienen erzeugen Wachs aus Blüten!

Es gibt Tausende verschiedener Bienenarten und alle sind für ein gesundes Ökosystem von großer Bedeutung. Aber Bienenwachs stellen nur die Honigbienen her (Gattung *Apis*).

Gieße das gefärbte Wachs durch einen kleinen Trichter in die Form.

TIPP: Nachdem du mit einer Farbe fertig bist, wischst du am besten sofort den Metallbecher und den Trichter mit einem Papiertuch aus. Es ist viel einfacher, die Wachsreste zu entfernen, solange sie noch warm sind. Selbst wenn du sie zunächst wieder etwas aufwärmst, ist das die Mühe wert – verglichen mit dem Aufwand, das ganze Wachs herauszukratzen, wenn es kalt und hart ist.

6: PIGMENT UND WACHS VERMISCHEN

Nach der vollständigen Verflüssigung des Bienenwachses mischst du die Pigmente unter. Generell gilt: Je mehr Pigment, desto kräftiger malt der Stift, worüber wir uns natürlich freuen. Allerdings gibt es eine Grenze, wie viel Pigment hinzugefügt werden kann; ist diese überschritten, verliert der Stift seinen Zusammenhalt und zerbröselt dir in den Händen. Notiere dir daher, mit welchen Mischungsverhältnissen du experimentierst, damit du die Anteile künftig anpassen kannst, um Stifte mit einem höheren oder einem geringeren Sättigungsgrad zu produzieren. Für den Anfang orientiere dich an folgendem Grundrezept: Etwa 1 Teelöffel (4 g) Pigment kommt auf 1 Esslöffel (15 g) Bienenwachs. Dies ist ein ungefähres Mischungsverhältnis, denn jedes Pigment verhält sich in Bienenwachs etwas anders.

Nimm den Topf mit dem Wachs von der Wärmequelle und streue unter Rühren mit dem Rührstab etwas Pigment hinein. Gib zur Vermeidung von Klumpen unter stetigem Rühren nach und nach die Menge an Pigment hinzu, die für die Anzahl der Stifte, die du herstellen möchtest, nötig ist.

7: GUSSFORMEN BEFÜLLEN

Gieße das heiße, mit Pigment versetzte Bienenwachs in die Formen. Das Wachs härtet beim Abkühlen ziemlich schnell aus, sodass die Zeitspanne zum Befüllen der Röhrchen nur ein oder zwei Minuten beträgt. Bei diesem Arbeitsschritt gilt: Langsam ist gleichmäßig und gleichmäßig ist schnell. Das heißt: Wenn du langsam und gleichmäßig gießt, behältst du die Kontrolle, machst keine Fehler und sparst letztendlich Zeit.

(Das Gießen von heißem Wachs kann für kleinere Kinder, denen es noch an Konzentration und einer ruhigen Hand mangelt, gefährlich sein.)

Stelle den kleinen Trichter in die erste Gussform. Dann rührst du das farbige Wachs noch einmal vorsichtig um, bevor du es in den Trichter gießt. Wiederhole diesen Vorgang bei jedem Röhrchen.

Sind die Gussformen gefüllt, klopfe etwa eine Minute lang an mehreren Stellen auf den Formenständer. So treten in den Röhrchen eingeschlossene Luftblasen an die Oberfläche.

Lasse die Stifte vor dem Ausprobieren 1 oder 2 Stunden lang abkühlen. Sobald sie ausgehärtet sind, kannst du sie aus den Knöterichmänteln herausschälen, wenn du diese nicht als Schutzschicht an den Stiften belassen möchtest. Um die zeichnende Mine des Stifts freizulegen, spitzt du ihn vor Gebrauch an.

PROJEKT 15: WACHSMALSTIFTE AUS KOHLE

SCHWIERIGKEITSGRAD

MATERIAL
- Kohlestäbchen (siehe Projekt 10, 11 und 12)
- Bienenwachs

WERKZEUGE
- Kochplatte
- Verlängerungskabel (optional)
- alter Kochtopf
- Gabel
- Rührstab

Zu den ersten Wachsmalstiften gehörten solche, die zu schwarzem Pigment zerstoßene Holzkohle enthielten. Sie sind der Zeichenkohle sehr ähnlich, aber weil ein Wachsbindemittel hinzugefügt wurde, verwischen sie nicht. Wachsmalstifte aus Kohle zeichnen tiefschwarze Linien – es arbeitet sich sehr schön damit.

Malstifte aus Holzkohle anzufertigen, mag ich besonders. Es gibt zwei Vorgehensweisen hierbei: Die eine entspricht dem Verfahren von Projekt 14, aber unter Verwendung zerkleinerter Holzkohle, anstelle von zerkleinerten Steinen als Pigment. Meine neue Lieblingsmethode zur Herstellung von Wachsmalstiften aus Kohle ist jedoch eine Technik, auf die ich tatsächlich durch die Arbeit an diesem Buch gekommen bin! Wir verwenden auch dazu Bienenwachs als Bindemittel und Holzkohle als Pigment. Aber das Verfahren ist völlig anders, als das bei Projekt 14 geschilderte. Und noch einfacher ist es auch. Um diese Art von Kohlestift herzustellen, führst du zur Vorbereitung die Projekte 10, 11 und 12 durch. Sobald du eine schöne Sammlung Kohlestifte beisammen hast, kannst du mit diesem Projekt hier weitermachen.

1: KOHLESTÄBCHEN VORBEREITEN

Die Kohlestäbchen müssen so lang beziehungsweise kurz sein, dass sie in deinen Topf passen und vollständig im flüssigen Wachs untertauchen können - du kannst hier auch einen Metallbecher oder eine Blechdose verwenden.

2: BIENENWACHS ERHITZEN

Stelle deine Heizplatte draußen auf (eventuell kommt das Verlängerungskabel hier zum Einsatz). Erhitze in deinem Topf Bienenwachs, bis es sich verflüssigt, wobei du gelegentlich umrührst. Stell die Heizplatte auf geringe Hitze, damit das Wachs nicht zu schnell schmilzt und verbrennt.

3: ZEICHENKOHLE EINLEGEN

Gib ein paar Kohlestäbchen direkt in den Wachstopf. Sie werden zunächst an der Oberfläche schwimmen, aber bald wirst du sehen, dass winzige Luftblasen aus den Enden aufsteigen. Unser Ziel ist es, alle Lufteinschlüsse im Inneren der Holzkohle durch Bienenwachs zu ersetzen. Die Stäbchen sollen also im heißen Wachs bleiben, bis sich keine Luftblasen mehr zeigen.

4: AUSHÄRTEN LASSEN

Wenn auch nicht einmal mehr letzte kleinen Luftblasen aus den Kohlestäbchen aufsteigen, haben sie genug im Wachs gebadet. Schalte die Heizplatte aus. Nimm die Stäbchen mit der Gabel aus dem Wachs und lege sie zum Abkühlen und Aushärten beiseite. Glückwunsch, du hast gerade einmalige schwarze Wachsmalstifte hergestellt!

Zum Ausprobieren: Experimente mit Wachsmalstiften

- **Hey, du könntest die neuen handgemachten Stifte mit Pappmaschee oder Pulp ummanteln, dann kann man sich nicht die Finger daran schmutzig machen! Schaue dir in den Projekten 33 und 34 an, wie man das macht, und lasse deinen Ideen freien Lauf!**
- **Probiere deine handgemachten Wachsmalstifte auf verschiedenen Oberflächen aus. Abgesehen von Papier eignen sie sich hervorragend zum Bemalen von Betonwänden.**
- **Wachsmalstifte eignen sich ebenfalls hervorragend für den Schablonendruck und für Rubbelbilder.**
- **Stelle Wachsmalstifte verschiedener Größen her, dann kannst du sowohl dicke als auch extrafeine Linien zeichnen.**

TINTE

Tusche und Tinte sind in allen Epochen der Geschichte und überall auf der Welt verwendet worden, wobei jede Region und Kultur ihre eigenen, einzigartigen Rezepturen entwickelt hat. Die alten Ägypter stellten schon vor mindestens 4600 Jahren Tinte her und zeichneten und schrieben damit auf Papyrus, dem Papier der damaligen Zeit. In China wurde Tinte bereits vor 4300 Jahren aus tierischen, pflanzlichen und mineralischen Stoffen hergestellt und mit feinen Pinseln verwendet.

Wie unterscheidet sich Tinte von Malfarbe? Die beiden Hauptunterschiede bestehen in der Konsistenz und der Art des Einsatzes. Tinte ist in der Regel dünner (stärker mit Wasser vermischt) als Farbe. Im Umgang ist Farbe eher mit einer Paste denn mit einer Flüssigkeit vergleichbar. Mischst du Malfarbe mit viel Wasser und nutzt sie mit einem Tintenstift für eine Zeichnung, würde man von Tinte sprechen. Wenn du Tinte eindicken lässt und mit einem Pinsel vermalst, spricht man von Farbe.

Man kann Tinte aus vielen Naturstoffen herstellen, die alle ihre besonderen Eigenarten besitzen. In diesem Kapitel betrachten wir Tinte zunächst unter dem spielerischen Aspekt, aber im Laufe der Projekte wird es dann auch ein bisschen anspruchsvoller werden.

PROJEKT 16: TINTE AUS BEEREN

SCHWIERIGKEITSGRAD

MATERIAL
- saftige, essbare Beeren
- Papier

WERKZEUGE
- Mörser und Stößel
- Schüssel
- Tuch oder altes T-Shirt
- Schraubgläser

Beeren versüßen uns das Leben aus offen zutage liegenden Gründen. Ein wenig schwerer zu erkennen ist, dass du Beeren leicht dazu bringen kannst, dir Pigmente für deine Tinte zu spenden. Und noch ein echt praktischer Sachverhalt ist, dass du zu Beerentinte kein Bindemittel hinzugeben musst, da Zucker und Pektin in den meisten Beeren diese Rolle übernehmen. Es gibt Beeren, die relativ trocken sind. Der nur wenig in ihnen enthaltene Saft gibt gar nicht viel Färbemittel ab. Andere Beeren hingegen sind so prall voll von saftigem Pigment, dass du die Beere selbst als Malwerkzeug verwenden kannst: Sie bildet dabei eine in sich geschlossene Einheit, die sowohl Stift (beziehungsweise Pinsel) als auch Tinte ist. Sofern du der Versuchung, die Beere wegzunaschen, widerstehen kannst, macht das Malen mit Beerentinte enorm Spaß und ist sehr einfach. Fang mit den Beeren an, die beim Verzehr Flecken an den Fingern hinterlassen. Natürlich dürfen für dieses Projekt nur essbare Beeren verwendet werden!

TIPP: Manche Pigmente behalten ihre Farbe dauerhaft, andere verblassen mit der Zeit, besonders bei direkter Sonneneinstrahlung. Diese Farben haben eine geringe „Lichtechtheit“. So ist es bei Beerentinte.

Am schönsten ist es, Beeren selbst vom Strauch zu pflücken.

1: BEEREN SAMMELN

Welche Beeren zur Verfügung stehen, ist von der Jahreszeit abhängig, in der du dieses Projekt in Angriff nimmst. Insofern können sich – je nachdem – Himbeeren, Brombeeren, Blaubeeren, Holunderbeeren oder rotfleischige Trauben anbieten. Pflücke vor allem die prallen und saftigen Beeren.

2: AUSQUETSCHEN

Gib eine Handvoll Beeren in den Mörser. Fülle ihn nicht zu voll, der Saft soll ja nicht überlaufen. Zerdrücke jede einzelne Beere mit dem Stößel und konzentriere dich dabei vor allem auf die Beerenhäute, in denen sich die meisten Pigmente verstecken. Damit sie so viele Pigmente freisetzen wie möglich, drückst und reibst du die Beeren gründlich gegen Boden und Wand des Mörsers.

3: SAFT AUFFANGEN

Lege eine Schüssel mit einem Tuch aus – ein altes Halstuch geht gut. Oder nimm ein altes T-Shirt. Schütte die erste Ladung der pürierten Beeren zusammen mit ihrem Saft in die Schüssel und achte darauf, dass das gesamte Fruchtmus auf dem Tuch liegt. Hebe das Tuch vorsichtig an den Rändern hoch und fasse es über dem Fruchtmus zusammen, sodass ein Säckchen entsteht. Lege deine Hand um dieses Säckchen mit dem Mus und drücke es aus, bis auch der letzten Tropfen herausgepresst ist. Kannst du keinen Saft mehr gewinnen, gib den Tuchinhalt in den Kompost und wiederhole den Vorgang mit neuen Beeren.

Das war schon der gesamte Vorgang zum Herstellen von Beerentinte, die du nun auch gleich mit einem deiner Tintenstifte ausprobieren kannst (siehe Projekte 20, 21 und 22).

TIPP: Hast du Beeren im Gefrierschrank, nimm sie heraus und lasse sie auftauen. Beim Auftauen bildet sich im Behälter eine Lache aus Saft. Gieße den Saft in ein Glas und schon hast du Tinte! Die Beeren isst du einfach auf.

PROJEKT 17:

TINTE AUS KOHLE

SCHWIERIGKEITSGRAD

MATERIAL

- Holzkohle (siehe Projekt 10, 11 und 12)
- Bindemittel deiner Wahl (Gelatine oder auch Honig oder Leim)
- Wasser

WERKZEUGE

- Steinmörser und Stößel
- Einmachtrichter
- Schraubgläser
- Messbecher (für 240 ml) und Löffel
- Porzellanmörser und Stößel

Bevor Ruß zur Herstellung hochwertiger schwarzer Tinten gebräuchlich wurde, verwendete man fein gemahlenen Holzkohlestaub. Hast du Zeichenkohle in deinem Besitz (siehe Projekte 10, 11 und 12), hast du die Hauptzutat zur Hand, die man zum Anfertigen einer tollen schwarzen Zeichen- und Schreibtinte braucht.

Holzkohle findest du an einem erloschenen Lagerfeuer (Projekt 10). Oder du stellst sie selbst her, wie in den Projekten 11 und 12 beschrieben.

Im Steinmörser lässt sich Holzkohle leicht zu Pulver vermahlen.

Mörser und Stößel mit einer feineren Oberflächenstruktur mahlen die Holzkohle noch eine Stufe feiner.

1: HOLZKOHLE SUCHEN ODER SELBST HERSTELLEN

Siehe Projekte 10, 11 und 12.

2: TROCKENVERMAHLUNG

Gib zunächst ein paar Kohlestücke in den Steinmörser (weniger als eine Handvoll) und beginne mit dem Zerkleinern. Beim Mahlen von Hand ist es immer einfacher, wenn man mit kleinen Mengen am Stück arbeitet. Zerkleinere, reibe und mahle die Holzkohle, bis sie so fein ist wie Mehl. Das erfordert Geduld und Ausdauer, aber je gründlicher und konzentrierter du bei diesem Schritt vorgehst, desto besser wird später deine Tinte. Ist die erste Handvoll Holzkohle fein pulverisiert, schütte sie durch einen Einmachtrichter in ein Glas.

Wiederhole den Vorgang jeweils mit einer kleinen Handvoll Kohle, bis du insgesamt mindestens 2 Esslöffel (16 g) sehr feinen Holzkohlestaub hast.

TIPP: Gib, wenn du Gelatine als Bindemittel verwendest, ein paar Tropfen ätherisches Rosmarinöl in deine Tinte. Dies hilft, die Haltbarkeit zu verlängern. Außerdem erhält die Tinte so einen wohlriechenden Duft.

Löse 1 Prise (1/8 Teelöffel) Gelatinepulver (oder 1/4 Blatt Gelatine) in dem Messbecher (240 ml) Wasser auf. Vermahle 1 Esslöffel (15 ml) des Gelatinewassers und 1 Esslöffel (8 g) Holzkohlepulver im Porzellanmörser.

3: BINDEMITTEL VORBEREITEN

Bei diesem Projekt verwenden wir Gelatine als Bindemittel, obwohl man auch viele andere dickende Stoffe verwenden könnte. Gelatine ist eine Art Klebstoff und daher gut geeignet als Bindemittel für Tinte.

Besorge dir im Supermarkt eine Packung ungesüßte, ungefärbte Gelatine. Rühre 1/8 Teelöffel der Gelatine in den Messbecher (240 ml) heißes Wasser, bis sie vollkommen aufgelöst ist. Alternativ kannst du auch 1/4 Blatt Gelatine verwenden.

4: NASSVERMAHLUNG

An diesem Punkt wechseln wir zu einem Porzellanmörser mit Porzellanstößel, um die Holzkohle noch weiter zu verfeinern. Dafür werden wir eine Nassvermahlung durchführen. Gib 1 Esslöffel (8 g) des Holzkohlepulvers in den Porzellanmörser. Füge 1 Esslöffel (15 ml) des Gelatinewassers hinzu und vermahle alles mit Druck nach unten und außen. Nassvermahlen bewirkt zwei Dinge: Es macht die Pigmente noch feiner und vermischt sie gleichzeitig mit der Flüssigkeit. Du wirst feststellen, dass die Holzkohle zunächst an der Oberfläche schwimmt. Habe Geduld und mahle mindestens 10 Minuten lang weiter. Je länger du mahlst, desto besser verbinden sich die Inhaltsstoffe.

Ist der erste Ansatz gut durchmischt, füge einen weiteren Esslöffel (8 g) Holzkohlepulver und einen weiteren Esslöffel (15 ml) Gelatinelösung hinzu und wiederhole den Mahlvorgang.

5: TINTE ABFÜLLEN

Bewahre deine Tinte in einem luftdicht verschließbaren Glas auf. Ein Einmachglas ist dafür gut geeignet, du könntest aber auch nach einem kleinen Glas mit Schraubverschluss oder einem coolen mit Korkverschluss suchen. Fülle deine Tinte mit einem Trichter in das Glas und fang dann an, damit zu experimentieren!

Die Möglichkeiten der Tinte entdeckst du, indem du damit herumspielst. Dabei siehst du auch, ob das Verhältnis von Kohle, Bindemittel und Wasser deinen Bedürfnissen entspricht oder ob es noch einmal angepasst werden muss.

Zum Ausprobieren: Mit den Verhältnissen spielen

Wie deine Tinte wirkt und sich verarbeiten lässt, hängt von ein paar veränderlichen Faktoren ab. Ein Faktor ist dabei, wie fein die Kohlepigmente vermahlen sind. Ein anderer besteht darin, wie dick oder dünn die Tinte ist. Und ein weiterer ist, wie viel Bindemittel hinzugefügt wurde. Einen Teil des Vergnügens beim Herstellen der eigenen Malsachen macht es aus, mit diesen veränderbaren Größen zu spielen und eine Tinte herzustellen, wie sie dir am liebsten ist. Das ist schon alles ziemlich cool, wenn man es genau bedenkt.

Kokospalmendach, gemalt mit Tinte aus verkohlten Kokosnussschalen.

PROJEKT 18:

TINTE AUS EICHELN

SCHWIERIGKEITSGRAD

MATERIAL

- Eicheln
- Wasser
- rostige Metallteile
- Apfelessig
- Bindemittel deiner Wahl (Gummiarabikum oder auch Honig oder Gelatine)

WERKZEUGE

- Steinmörser und Stößel
- alter Kochtopf mit Deckel
- feines Sieb oder altes T-Shirt/Tuch
- Gummiband
- Einmachtrichter
- Einmachgläser (½ Liter)
- Messbecher (für 240 ml)

Eine besondere Art von Tinte lässt sich aus natürlichen Materialien gewinnen, die Gerbsäure enthalten. Pflanzen und Bäume bilden Gerbsäure, um sich vor Krankheiten zu schützen. Wenn ein Tee aus Gerbsäure mit einer Eisenlösung in Kontakt kommt, kannst du eine wirklich coole (aber gänzlich ungefährliche) chemische Reaktion beobachten. Es entstehen einzigartige blau- bis violett-schwarze Farben, die alle Tinten dieser Art zeigen. Eine derartige Tinte wird wegen ihrer zwei Hauptbestandteile oft als „Eisengallustinte" bezeichnet: Sie ist eine Lösung aus Eisen in Essig und hohen Mengen an Tanninen, die traditionell aus Eichengalläpfeln gewonnen wurden. Diese Art von Tinte war etwa 1400 Jahre lang in Europa weit verbreitet und die am häufigsten verwendete Tinte zum Schreiben und für künstlerische Zwecke. Tatsächlich fertigte der große italienische Renaissance-Maler Leonardo da Vinci viele seiner Werke mit Eisengallustinten an. Auch in der illustrierten irischen Handschrift „The Book of Kells" wurde vor 1200 Jahren diese Art von Tinte verwendet. Die Tinte ist „dokumentenecht", weil sie sich in das Papier „hineinfrisst" und nicht abgerieben werden kann, wie manche anderen Tinten.

Im folgenden Projekt werden wir Gerbsäure aus Eicheln und Eisen aus rostigen Metallgegenständen gewinnen, um eine satte bläulich-schwarze Tinte zu fertigen, die für alle deine kreativen Feder- und Tintenarbeiten verwendet werden kann.

1: EICHELN SAMMELN

Ich liebe Eichen und gehe gern unter ihnen auf Schatzsuche. Mag das nicht jeder? Die Eicheln sind in guten Jahren ein üppiges Geschenk der Natur. Man kann sich ihrer frei bedienen. Und sie sind voller Gerbstoff. Was die Qualität angeht, musst du nicht allzu wählerisch sein, jedenfalls nicht so, als ob du die Eicheln als Nahrungsmittel weiterverarbeiten würdest. Solange sie nicht faul sind, kannst du dein inneres Eichhörnchen gewähren lassen und sie auflesen. (Dabei können auch die kleinsten Hände mitmachen!) Es steckt so viel Gerbsäure in diesen kleinen Früchten, dass du auch bei kleiner Eichelausbeute eine ordentliche Menge Tinte herstellen kannst.

2: TEE AUFSETZEN

Um an ihre Gerbsäure zu kommen, musst du die Eicheln kochen. Das geht sehr viel schneller, wenn du die Eicheln zuvor zerkleinerst. Benutze einen Steinmörser (den gleichen, den du zur Pigmentherstellung verwendest) und zerstoße alle Eicheln zu kleinen Stücken.
Gib als Nächstes die Stücke in einen alten Topf und bedecke sie mit Wasser. Bringe das Wasser zum Kochen und lasse die Eicheln mindestens 1 Stunde lang köcheln. Je länger sie kochen, desto mehr Gerbsäure geben sie in den „Tee“ ab. Behalte den Wasserstand im Auge, damit das Wasser nicht verdampft und die Eicheln verbrennen: Bei Bedarf fügst du mehr Wasser hinzu. (Hier kann die Aufsicht eines Erwachsenen erforderlich sein.)

3: TANNINTEE ABSEIHEN

Wenn das Wasser eine tiefrote bis bräunliche Farbe angenommen hat und auf weniger als 2 Messbecher (480 ml) verkocht ist, wird es Zeit, den Tee abzuseihen. Nimm den Topf vom Herd und lasse ihn abkühlen. Dann gieße den Inhalt durch ein feinmaschiges Sieb und einen Trichter in ein Glas. Du kannst den Tee auch durch ein Tuch oder ein altes T-Shirt laufen lassen. Befestige dann aber den Stoff mit einem festen Gummiband am Rand des Glases, damit er nicht verrutschen kann, während der Tee durch den Trichter läuft.

Tinte aus Weidenrinde

Mit dem Rezept für Eicheltinte kannst du auch Tinte aus der Rinde gewinnen, die du in Projekt 12 von Weidenzweigen abgeschält hast. Weidenrinde ist voll von Gerbsäure, sodass du die Eicheln durch sie ersetzen kannst. Da Weidentinte einen angenehmen und unverwechselbaren Weidengeruch hat, macht die Arbeit mit ihr doppelt Freude.

Werde Rostfarmer!

Rostbrühe ist einfach hergestellt und nützlich für so manches Kunstprojekt!

Unser Tintenprojekt erfordert die Beigabe von Eisen, damit der spannende Alchemieprozess in Gang kommen kann. Eisen ist das Element, das auf der Erde am häufigsten zu finden ist, es sollte also ziemlich einfach zu organisieren sein. Um bei diesem Projekt ans Ziel zu gelangen, werden wir rostige, in Essig getränkte Metallteile verwenden.

- Besorge zwei Behälter mit Deckeln. Einmachgläser sind praktisch. Plastikflaschen gingen aber auch.
- Suche als Nächstes nach rostigen Metallteilen wie alten Nägeln, Schrauben, Muttern, Bolzen, Stahlwolle oder irgendetwas, das klein genug ist, um in deinen Behälter zu passen. Sammle genug, um beide Behälter zur Hälfte damit aufzufüllen.
- Gieße nun so viel Essig in einen der Behälter, dass die Metallteile bedeckt sind. Ich bevorzuge Apfelessig dabei.
- Eine gesunde Rostzucht braucht Sauerstoff. Nachdem du die Metallstücke mit Essig bedeckt hast, gießt du diesen vorsichtig von einem Behälter in den anderen. Haben die Metallinhalte beider Behälter ordentlich im Essig gebadet, beginnt das Metall beim Trocknen an der Luft zu rosten. Gieße den Essig mindestens einmal am Tag hin und her.

Es wird nicht allzu lang dauern, bis sich etwas tut. Schon nach wenigen Tagen solltest du einen schönen Vorrat an Rostbrühe haben. Du kannst diesen Prozess auf unbestimmte Zeit am Leben halten. Ich habe mir einen Vorrat an Rostbrühe angelegt, den ich schon seit mehreren Jahren nebenbei pflege – er ist mir lieb und teuer.

TIPP: Nimm einen Teil des Eicheltees ab und gieße etwas Rostbrühe hinein. So erhältst du zwei verschiedene Tintenfarben: einen bräunlichen und einen lila-bläulich-schwarzen Ton.

4

5

4: ROSTBRÜHE HINZUFÜGEN

Rühre deine Eisenlösung (siehe Seite 80) in ihrem Behälter um und kratze alle sichtbaren Rostreste vom Metall ab, damit sie sich im Essig auflösen können. Gieße dann etwa 1 Tasse (120 ml) der Brühe in den Gerbsäuretee, den du aus den Eicheln angesetzt hast. Sofort wird sich die Farbe des Tees ändern. Bis die Umwandlung der Farbe abgeschlossen ist, dauert es ein paar Minuten: Die Umwandlung ist ein ziemlich cooler Prozess, den zu beobachten echt Spaß macht!

5: BINDEMITTEL HINZUGEBEN

Die Lösung würde in ihrer jetzigen Form schon ziemlich gut als Tinte funktionieren, aber das Hinzufügen eines Bindemittels verbessert den Umgang damit noch. Traditionell wurde Gummiarabikum hinzugesetzt, aber wenn du das nicht zur Hand hast, kannst du mit mehreren anderen dickenden Stoffen experimentieren. Honig ist eine gute Möglichkeit, ebenso Gelatine (ungesüßt und nicht gefärbt). Unabhängig davon, welche dickende Substanz du als Bindemittel verwenden möchtest, empfehle ich etwa 1 Teil Bindemittel auf 6 bis 8 Teile Eisentanninlösung.

Zum Ausprobieren: Spaß mit der Eicheltinte

- Verwende sie mit einem Pinsel wie eine Aquarellfarbe.
- Verwende sie in einer Sprühflasche für den Schablonendruck (siehe Projekte 30, 31 und 32). Ist sie nicht perfekt?
- Genau diese Art von Tinte war einst ein traditionelles Schreibmittel. Verwende sie mit einem deiner besten Tintenstifte, um einen Brief an einen Freund zu schreiben.
- Probiere das Rezept anstelle von Eicheln mit schwarzem Tee aus!

PROJEKT 19: TINTE AUS WALNUSSSCHALEN

SCHWIERIGKEITSGRAD

MATERIAL
- 170 g Walnussschalen
- Wasser
- Bindemittel deiner Wahl (Gummiarabikum oder auch Honig oder Gelatine)
- 1 Teelöffel Eisen-Essig-Lösung/Rostbrühe (optional, siehe Projekt 18)

WERKZEUGE
- Steinmörser und Stößel
- Gummihandschuhe (optional)
- alter Kochtopf
- feines Sieb
- Messbecher (für 240 ml) und Löffel
- Gefäße zum Abfüllen, zum Beispiel Einmachgläser

Nimm dir etwas Zeit, um herauszufinden, wie Walnussbäume (*Juglans regia*) aussehen und wo sie zu finden sind. Wenn sie in deiner Nähe vorkommen, kannst du dich glücklich schätzen und dich auf die Suche nach einem Exemplar dieser mächtigen Kreaturen begeben. Vor nicht allzu langer Zeit waren sie noch häufiger anzutreffen, aber viele wurden für ihr edles Holz gefällt. Leider hat man dann den kurzfristigen Profit über das ökologische Gleichgewicht gestellt. Ein Walnussbaum ist ein Schatz, den man mit Demut behandeln sollte.

Ausgewachsene Walnussbäume sind wahrlich prächtige und spendable Kreaturen.

Der äußere fleischig-grüne Teil der Walnussfrucht trägt das gute Pigment in sich.

TIPP: Frische Walnussschalen können tagelang Flecken auf den Händen verursachen. Trage daher Handschuhe.

1: WALNÜSSE SAMMELN

Walnussbäume bringen nicht jedes Jahr Nüsse hervor, aber wenn sie es tun, sieht es aus, als wäre eine Tennisballfabrik explodiert. Wenn du die Nüsse aufsammelst, beschweren sich die Eichhörnchen vielleicht ein wenig, aber an sich sind ausreichend viele vorhanden.

TIPP: Du kannst Walnussschalenpulver kaufen, wenn es in deiner Nähe keine Walnussbäume gibt. Das Pulver lässt sich ideal verarbeiten.

2: FRUCHT- UND NUSSSCHALEN TRENNEN

In den Fruchtschalen befinden sich die meisten Farbstoffe. Die Fruchtschalen sind in frischem Zustand grün und fleischig; wenn sie trocken sind, werden sie braun oder schwarz. Du trennst die Schalen von den Nüssen, indem du die Früchte in einem Steinmörser zerstößt. Sobald die Schalen aufgebrochen sind, können sie von der holzigen Nussschale getrennt werden. Wenn du nicht vorsichtig bist, beflecken die Schalen deine Hände und eventuell deine Kleidung – schließlich sind sie voller Farbstoff. Trage lieber Handschuhe, wenn du keine Lust hast, eine Woche lang mit scheckigen Händen unterwegs zu sein!

3: SCHALEN KÖCHELN

Fülle die Schalen in den Topf und bedecke sie mit Wasser. Lasse die Schalen mehrere Stunden bis mehrere Tage köcheln, je nachdem, wie viel Farbe du ihnen entziehen möchtest. Fülle den Topf nach Bedarf mit Wasser auf, wobei du stets darauf achten musst, dass nicht alles verkocht und die Tinte anbrennt.

4: FLÜSSIGKEIT REDUZIEREN UND ABSEIHEN

Lasse die Schalen weiter köcheln, bis sich das Wasser auf einen Extrakt von etwa 2 Bechern (480 ml) Flüssigkeit im Topf reduziert hat. Lasse alles abkühlen und gieße dann den Sud durch ein Sieb, um die Schalenfeststoffe herauszufiltern. Wenn du es besonders gut machen möchtest, kannst du diesen Vorgang mehrmals mit jeweils feineren Sieben und dann noch Filtern wiederholen.

5: BINDEMITTEL HINZUFÜGEN

Der durchgesiebte und eventuell gefilterte Extrakt ergibt schon in dieser Form eine ziemlich gute Tinte, aber mit einem Bindemittel lässt sie sich besser verwenden. Traditionell wurde Gummiarabikum zugesetzt. Hast du das nicht zur Hand, dann experimentierst du einfach mit anderen dickenden Substanzen. Honig ist eine gute Alternative. Egal welche Substanz du als Bindemittel verwendest, ich empfehle rund 1 Teil Bindemittel zu etwa 8 bis 10 Teilen Walnusssud.

Walnusstinte ergibt einen satten, glänzenden, warmen Braunton.

Zum Ausprobieren: Deine eigene Walnusstinte

Verwende deine Walnusstinte zum Zeichnen, Drucken, für den Schablonendruck, zum Schreiben und zum Malen. Wenn du fertig bist, bewahre die Tinte in einem luftdicht schließenden Behälter auf, in einem Einmachglas oder Ähnlichem.

TIPP: Wenn du aus deinen Walnüssen eine dunklere Tinte gewinnen willst, kannst du jedem Becher (240 ml) Tinte 1 Teelöffel Eisen-Essig-Lösung/Rostbrühe hinzufügen. Ich stelle gerne einen Teil meiner Walnusstinte beiseite und mische den Rest mit besagter Eisen-Essig-Zutat.

FEDERN UND STIFTE

In alten Zeiten schrieb man mit Tinte und Feder. Die Kiele der Federn sind dabei wie eine Kombination aus Stift und Pinsel. Sie zeichnen klare Linien wie ein moderner Tintenstift, aber man muss sie erst in die Tinte tauchen wie einen Pinsel. Nutzt man eine Zeichenfeder, so hat man die Tinte in einem gesonderten Gefäß; die Feder selbst gibt keine Farbe ab. Der zusätzliche Arbeitsschritt, sie in die Tinte tauchen zu müssen, ist es jedoch wert! Du wirst das sofort verstehen, wenn du anfängst, all die coolen Dinge zu erkunden, die deine Feder kann und die dein schicker moderner Füller nicht beherrscht. Zum Beispiel kannst du mit ein und derselben Feder dünne, zarte Linien genauso zeichnen wie dicke, kräftige. Und du kannst mit der gleichen Tinte unterschiedliche Farbabstufungen von dunkel bis hell erzeugen, indem sich der Tintenfluss nach und nach abschwächt.

Es wird angenommen, dass die alten Ägypter die ersten waren, die vor etwa 5000 Jahren die Federn zum Zeichnen und Schreiben erfanden. Damals wurden diese aus einem Schilfrohr namens Meerstrand-Binse (*Juncus maritimus*) hergestellt und auf Papyrus verwendet. Seitdem haben Menschen auf der ganzen Welt Federn zum Schreiben und Zeichnen aus vielen verschiedenen Gegenständen hergestellt. Heutzutage gibt es alle möglichen hochausgefeilten Ausführungen, aber die einfache Feder ist eine Klasse für sich und wird von kreativen Menschen immer noch täglich benutzt.

PROJEKT 20: ZEICHENFEDERN AUS ZWEIGEN

SCHWIERIGKEITSGRAD

MATERIAL
- Zweige

So manche meiner liebsten Zeichenwerkzeuge habe ich einfach vom Boden aufgelesen! Mit diesen mache ich nichts weiter, als sie in Tinte zu tauchen und damit loszuzeichnen. Manchmal ist das Einfache das Allerbeste.

Gefundene einfache Zweige können tolle Schreibfedern sein: Probiere es aus!

Einen passenden Zweig findet man einfach draußen unter einem Baum.

Zum Ausprobieren: Zweige zeichnen mit Federn aus Zweigen

Lege dir eine Zweigsammlung zu! Jede Baumart hat einzigartig gestaltete Zweige, die sich unterschiedlich gut zum Zeichnen eignen. Sammle von jeder Baumsorte, die in deiner Nachbarschaft vorkommt, zwei Zweige. Nimm den einen in die Hand, tauche ihn in Tinte und zeichne damit den anderen ab. Achte darauf, groß genug zu zeichnen, um auch die interessanten Einzelheiten unterbringen zu können, die die Zweige so einzigartig machen! Schon bald wirst du nicht nur eine Art von Zweigsammlungen haben, sondern zwei: Eine aus Zeichenfedern, die andere in Form von Tintenzeichnungen!

Aststudie, gezeichnet mit Federn aus gefundenen Zweigen.

1: ZWEIGE UNTER EINEM BAUM SUCHEN

Suche den Boden unter einer Baumkrone nach abgefallenen Zweigen ab. Wähle einen, der möglichst gerade ist und in etwa die Größe eines gewöhnlichen Stifts hat.

Das war's! Das Schöne an Federn aus Zweigen ist, dass man sie buchstäblich auf der Straße findet. Genau genommen, kann jedes spitze, stabähnliche Etwas hier verwendet werden.

PROJEKT 21: BIBER-ZEICHENFEDERN

SCHWIERIGKEITSGRAD

Unter den gefundenen Federn, die ich am liebsten habe, wurden einige von einem Tier angefertigt. Wenn du in einer Region lebst, in dem Biber zu Hause sind, hast du die Möglichkeit, die Wasserwege nach ein paar stiftgroßen Exemplaren der feinen Stöckchen abzusuchen, die Biber hinterlassen. Oft werden diese im Wasser abgelegt, wenn die Biber die Rinde fein säuberlich angeknabbert haben. Die Art und Weise, wie die Biber die Enden dieser Stöcke abkauen, macht sie zu perfekten Zeichenfedern. Es würde mich nicht wundern, wenn zukünftige Archäologen mutmaßen würden, dass Menschen in der Vergangenheit Biberstöcke zum Zeichnen benutzt haben, obwohl das im Moment wohl nur ich bin – und vielleicht bald auch du.

Biber sind beeindruckende Landschaftsarchitekten und genauso gute Zeichenfederhersteller!

Die Ingenieure, Nick Neddo, Weidenbiberfeder und Weidenrinden-tusche, Schablonenzeichnung.

PROJEKT 22: ANGESPITZTE ZWEIGSTIFTE

SCHWIERIGKEITSGRAD

MATERIAL
- Zweige

WERKZEUGE
- Gartenschere
- Taschenmesser

Einen Zweig, selbst zugespitzt und in Tinte getaucht, beim Schreiben und Zeichnen wie einen Bleistift zu verwenden, ist eine echt coole Sache. Geschnitzte Holzstäbe mit nadelscharfer Spitze nutzte man schon in uralter Zeit. Unsere spitz zulaufenden Zweige ähneln tatsächlich den Schreibröhren, die früher im alten Ägypten eingesetzt wurden.

Du kannst jede Holzart verwenden, solange sie ungiftig ist! Ich möchte dich dazu ermuntern, dir eine Sammlung dieser wunderbaren Schreib- und Zeichenwerkzeuge aus so vielen verschiedenen Holzarten wie möglich zuzulegen. (Dieses Projekt ist hervorragend geeignet, um die Fingerfertigkeit im Schnitzen zu üben und auch kleinere Kinder an den Umgang mit Messern heranzuführen.)

1

Zum Ernten der Zweige für deine Stiftprojekte ist die Gartenschere genau richtig.

Befolge beim Schnitzen die Regeln für den sicheren Umgang mit Messern (Seite 34 bis 35).

Sogar mit einem angespitzten Ast kann man Kunst erschaffen.

1: SUCHE DAS STÖCKCHEN!

Suche einen geraden Zweig, etwa von der Größe eines Kugelschreibers oder Bleistifts. Tu dabei einem Baum einen Gefallen und entferne kleine abgestorbene Äste mit der Gartenschere. Damit du später herausfinden kannst, wie der Baum oder Strauch heißt, besieh ihn dir genau, solltest du ihn nicht kennen.

2: ANSPITZEN

Schnitze mit deinem Taschenmesser das eine Ende des Stocks zu einer Spitze. Dies kann eine lange, spitz zulaufende Spitze oder eine kurze stumpfe Spitze sein. Probiere beides aus!

3: EINTAUCHEN UND ZEICHNEN

Jetzt musst du nur noch deinen neuen Zweigstift in Tinte tauchen, dann kannst auch du eintauchen ins Zeichnen.

Zum Ausprobieren: Ideen für deine Zweigstifte

Erforsche, was dein neuer Zweigstift alles kann. Probiere aus, welche unterschiedlichen Striche du damit ziehen kannst. Achte darauf, wie sich die Striche mit einem frisch in die Tinte getauchten Stift von denen unterscheiden, die entstehen, wenn die Tinte fast aufgebraucht ist. Experimentiere mit den Möglichkeiten und habe viel Spaß beim Zeichnen!

BEDRUCKEN, STEMPELN UND ABREIBEN

Drucken ist ein Herstellungsprozess von Kunst, bei dem ein eingefärbtes Objekt auf Papier oder eine andere Oberfläche gepresst wird.

Im Laufe der Jahrhunderte haben die Menschen rund um den Globus jeweils eigene Druckstile und -techniken entwickelt: Steinzeitliche Höhlen sind mit uralten Handabdrücken verziert. In China und Ägypten wurde für das Bedrucken von Stoffen die Holzmodeltechnik erfunden. Und in Japan hat man im 17. Jahrhundert einen Stil des Farbholzschnitts entwickelt, der Ukiyo-e genannt wird – in der Welt ist er einzigartig. In Europa war vom Mittelalter bis in die Mitte des 19. Jahrhunderts die Radierung die gängige Drucktechnik – hier wird eine Zeichnung in eine Oberfläche geritzt, die man dann einfärbt und abdruckt. Die Entwicklung von Drucktechniken erlaubte erstmals die Herstellung von Kopien. Kunstwerke, Wissen und Ideen konnten nun schneller und weiter verbreitet werden als je zuvor, denn auf einmal ließen sich Bücher produzieren, ohne dass jedes Wort von Hand niedergeschrieben werden musste.

Ein Druck kann einfach oder kompliziert sein, je nachdem, welche Ideen du hast und wie du sie umsetzen willst. In diesem Kapitel beleuchten wir das Drucken aus einem besonderen Blickwinkel, denn wir werden ausschließlich die unerschöpflich interessanten und schönen Gaben der Natur dafür verwenden. Es gibt enorm viele Möglichkeiten, einen Druck zu schaffen, und genau deshalb macht das Erforschen dieses Mediums so viel Spaß!

PROJEKT 23: ABDRUCKE VON HÄNDEN

SCHWIERIGKEITSGRAD

Hände sind höchstwahrscheinlich die ersten Dinge, die in kreativer Absicht abgedruckt wurden. Schon in der Steinzeit war das Drucken mit den Händen eine beliebte Art, Kunst zu machen. Einige der ältesten Beispiele finden sich in Höhlen in Frankreich, Spanien und Indonesien – sie sind über 30'000 Jahre alt, reichen also in die letzte Eiszeit zurück.

Unsere Hände sind schöne und effektive Werkzeuge, mit denen wir fast alles machen können, was in unserer Vorstellung liegt. Das Drucken mit den Händen ist eine witzige Art, sie einmal zu ehren.

Papier

Man kann auf jede Art von Papier drucken, aber jedes Papier verhält sich dabei anders. Im Allgemeinen eignen sich Papiere zum Drucken am besten, wenn sie Feuchtigkeit gut aushalten können. Ich verwende gern Aquarellpapier, daneben aber auch alle anderen, die mir „unter die Hände" kommen. Experimentiere mit unterschiedlichsten Papiersorten.

Druckfarben

Eines haben alle Druckfarben gemein: Sie sind zähflüssig. Mische den Rezepturen aus dem Kapitel „Tinte" zusätzlich Honig, Gelatine oder Leim hinzu, um sie druckfähig aufzubereiten.

Hände sind das wohl älteste Druckmedium.

PROJEKT 24: STEMPEL AUS ROTEN BETEN

SCHWIERIGKEITSGRAD

MATERIAL
- Rote Bete
- Papier

WERKZEUGE
- Messer
- spitzer Bleistift
- Schnitzwerkzeug oder Linolschnittmesser (optional)
- Schüssel mit warmem Wasser

Rote Beten sind wie eigens fürs Drucken gemacht, denn sie sind Stempel und Stempelkissen in einem! Die Natur hat ihnen einen leuchtenden Farbsaft mitgegeben, der den meisten von uns vertraut ist. Ihn als Tinte in Betracht zu ziehen, das haben vermutlich nur wenige von uns getan – wenn überhaupt. Wie bei Beerentinte verblasst die Farbe von Beten mit der Zeit.

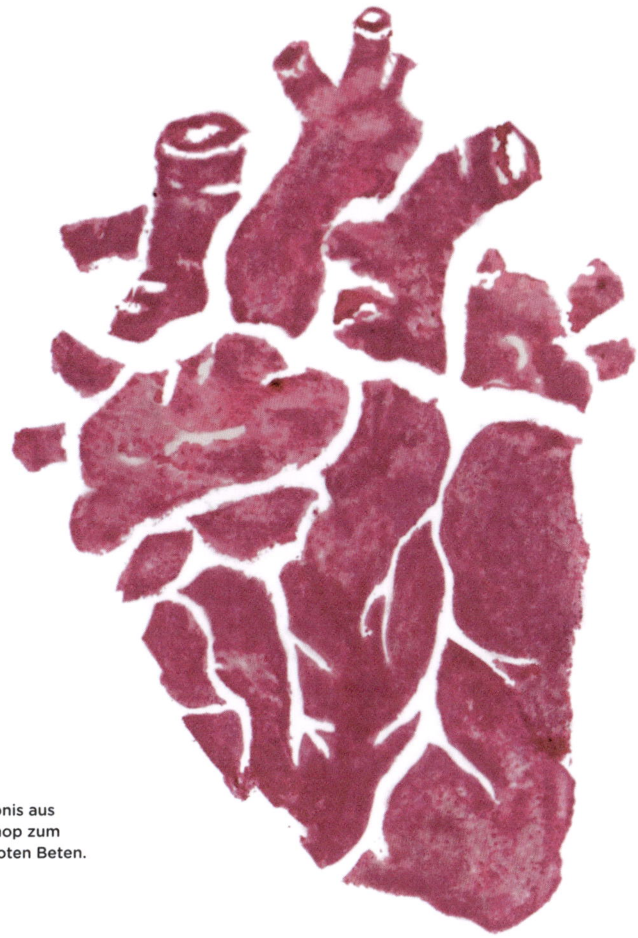

Hier ein Ergebnis aus einem Workshop zum Drucken mit roten Beten.

1

2

1: EINE SCHEIBE ABSCHNEIDEN
Schneide eine Rote Bete in dünne Scheiben von etwa 1 cm Dicke. Je saftiger die Bete, desto besser!

2: STEMPEL GESTALTEN
Zeichne den Umriss einer Betescheibe auf ein Blatt Papier. Zeichne innerhalb dieses Umrisses ein einfaches Motiv. Dies ist die Vorlage für den Betestempel.

TIPP: Wenn deinen Betestempeln die Tinte ausgeht, kannst du sie „auftanken", indem du die Bete in eine Schale mit warmem Wasser tauchst. Die Stempelabdrucke nach dem „Auftanken" werden zunächst etwas wässrig sein, aber schon bald sind sie wieder klar und leuchtend.

3

4

5

3: MOTIV ÜBERTRAGEN

Lege deine Vorlage auf die Betescheibe und zeichne mit einem spitzen Bleistift dein Motiv durch das Papier auf die Oberfläche der Bete. Das Motiv ritzt sich in die Bete ein und zeigt dir, wo du schneiden musst.

4: MOTIV SCHNITZEN

Schneide mit dem Messer oder einem Schnitzwerkzeug die Oberfläche der Bete rund um das Motiv weg. Mache dir klar, dass die Bereiche, die du stehen lässt, die Teile sind, die einen Abdruck erzeugen!

5: DRUCKEN

Drucke deinen Stempel auf ein Stück Papier, indem du ihn mit der geschnitzten Seite nach unten auf das Papier legst und die Hand fest auf die Rückseite presst. Hebe deinen Stempel ab und schaue dir an, wie der Abdruck geworden ist. Wenn du willst, kannst du ein paar Änderungen vornehmen – du musst aber wissen, dass du das, was du weggeschnitten hast, nicht ersetzen kannst!

Zum Ausprobieren: Kartoffeldruck

Genauso wie aus den Roten Beten kannst du Stempel aus Kartoffeln anfertigen. Der einzige, aber große Unterschied ist, dass du den Kartoffeln vor dem Abdruck Farbe mit auf den Weg geben musst. Verwende als Stempelkissen einen Teller mit ein wenig Farbe darauf (oder nutze ein echtes Stempelkissen). Schnitze das Motiv in deinen Kartoffelstempel, drücke ihn zuerst in die Farbe und danach auf deine Malfläche.

PROJEKT 25: BEERENKLECKS-BILDER

SCHWIERIGKEITSGRAD

MATERIAL
- Zeitungspapier
- saftige, essbare Beeren
- Papier

Diese Druckbilder sind ein großer Spaß, besonders für diejenigen unter uns, die eine Menge Energie in produktive und kreative Bahnen umzulenken haben! Hier bietet sich wieder eine Gelegenheit zum Spiel mit den natürlichen Pigmenten, die Beeren in ihrem saftigen Inneren fassen. Diese außergewöhnliche Drucktechnik lernte ich in meiner Kindheit kennen und ihre künstlerischen Möglichkeiten sind noch bei Weitem nicht ausgeschöpft. Natürlich dürfen für dieses Projekt nur essbare Beeren verwendet werden!

2

3

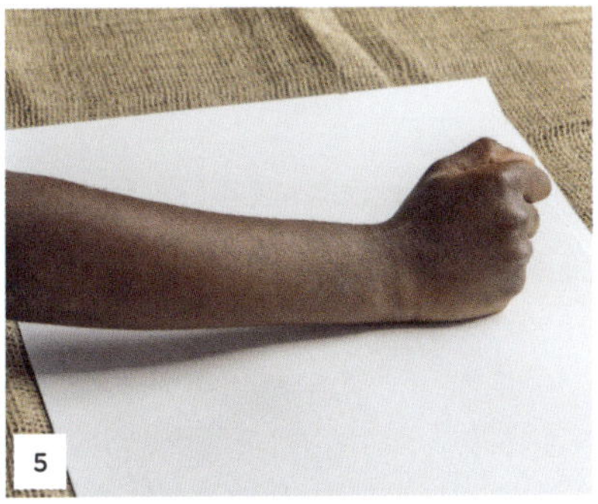

5

6

TIPP: Wenn dein Papier sauber war, iss die zerquetschten Beeren doch einfach nach dem Drucken. Ich meine ja nur ...

1: UMGEBUNG ABDECKEN

Lege ein Blatt Zeitungspapier als Unterlage auf deine Arbeitsfläche vor dich. Dann platziere darauf ein Blatt Papier.

2: BEEREN AUF PAPIER LEGEN

Setze ein paar Beeren (zum Beispiel Blaubeeren, Himbeeren und Brombeeren) auf das Blatt Papier, aber nicht zu nah beieinander. Verwende erst einmal nur wenige.

3: BEEREN MIT PAPIER BEDECKEN

Lege ein zweites Blatt Papier auf das erste mit den Beeren. Achte darauf, dass die Beeren darunter nicht allzu dicht am Rand liegen.

4: FAUST IN DIE LUFT RECKEN

Balle deine Hand zu einer Faust und halte sie hoch über den Kopf. Für Extrapunkte und den besonders dramatischen Effekt kannst du die Fäuste noch einmal ordentlich schütteln und dabei Grimassen schneiden.

5: BATSCH!

Wenn du bereit bist und die Spannung nicht mehr auszuhalten ist, lasse die Faust auf das Papier sausen und zermatsche die Beeren zwischen den beiden Lagen Papier! Tu dir dabei nicht weh, sondern verwende den weichen, fleischigen Teil deiner Hand. Na los, zerquetsche auch die anderen Beeren, wenn du schon einmal dabei bist!

6: CHECKEN, WAS GEHT

Beim Anheben des oberen Blatts Papier, breitet sich vor dir das wilde Beerengemetzel aus, das du angerichtet hast. Damit du überhaupt sehen kannst, was für Farben und Muster entstanden sind, klaubst du erst mal die Beerenkadaver von deinem Papier. Du hast zwei Druckbilder: eines auf dem unteren Papier und eines auf dem oberen.

Zum Ausprobieren: Beeren-Zusatzspaß

Experimentiere mit den verschiedenen Farben, die sich durch unterschiedliche Beerensorten ergeben. Du kannst die Farben auch mal in Schichten übereinander lagern. Dann solltest du aber deine Beerenklecksbilder jedes Mal trocknen lassen, bevor du für eine weitere Gestaltungsschicht erneut Beeren zerquetschst.

Für Schablonenklecksbilder zeichnest du einfache Formen auf ein Blatt Papier und trennst sie mit der Schere heraus. Lege das Blatt, aus dem du die Formen ausgeschnitten hast, auf das Papier, das du bedrucken möchtest. Platziere dann deine Beeren innerhalb des herausgetrennten Bereichs auf das Papier. Decke alles mit einem weiteren Blatt Papier ab und drucke auf die gleiche Weise wie zuvor. Hebe dieses Mal mit dem oberen Papier auch die Schablone ab und du hast vor dir einen einzigartigen Beeren-Schablonendruck! Du kannst auch mit den herausgetrennten Formen und dem Beerendruck experimentieren.

PROJEKT 26: GEHÄMMERTER PFLANZENDRUCK

SCHWIERIGKEITSGRAD

MATERIAL

- Blüten und/oder frische Frühlingsblätter
- dickes Aquarellpapier
- Schneidebrett
- Küchenpapier
- Kreppband

WERKZEUGE

- Hammer mit Gummikopf oder mit Filz umwickelt (Befestigung mithilfe einer Schnur)

Bei dieser Technik wird der in den Pflanzen enthaltene Saft genutzt, um bunte Bilder auf das Papier zu bringen. Pflanzenteile, wie Blüten und Blätter zum Beispiel, werden auf einem Blatt Papier angeordnet und leicht mit einem Hammer geschlagen. Der farbige Saft wird dabei aus der Pflanze herausgepresst und vom Papier darunter aufgesogen. Das ist supereinfach und macht Spaß. Man muss nicht viel vorbereiten, man braucht weder Tinte noch Malfarbe. Und es gibt dabei auch keine große Schmuddelei, die man hinterher sauber machen müsste!

Nur frisches Pflanzenmaterial ist für gehämmerte Pflanzendrucke geeignet.

Es geht mit einem Gummihammer oder einem weich ummantelten normalen Hammer.

1: BLÜTEN UND BLÄTTER SAMMELN

Die beste Zeit für gehämmerte Pflanzendrucke ist das Frühjahr, wenn die Pflanzen besonders viele Pigmente bilden. Pflücke nur wenige Teile von einer Pflanze, damit sie nicht eingeht.

2: ARBEITSPLATZ HERRICHTEN

Lege ein Blatt dickes Aquarellpapier auf ein Schneidebrett.

3: DRUCKPFLANZE AUFLEGEN

Dann kommt ein Laub- oder Blütenblatt deiner Pflanze auf das Aquarellpapier. Decke es mit einem weiteren Blatt Papier und drei oder vier Lagen Küchenpapier ab. Achte darauf, dass die Abdeckung über die Pflanze hinausreicht. Klebe das Küchenpapier mit Kreppband fest, damit sich die Pflanze nicht verschieben kann.

4: HAMMER VORBEREITEN

Falls du keinen Hammer mit Gummikopf hast: Schneide einen Filzkreis aus und befestige ihn mit einer Schnur oder einem Gummiband am Kopf des Hammers. Mit dieser weichen Ummantelung kannst du auf die Pflanze einschlagen, ohne das Papier oder Bild zu zerstören.

5: KLOPF, KLOPF

Schlage klopfend mit dem Hammer auf die Stelle, an der dein Pflanzenblatt liegt. Schlage dabei mit dem flachen Ende des Hammers und führe ihn gerade von oben nach unten. Klopfe vorsichtig durch alle Papierlagen auf jeden Bereich der Pflanze und vergiss dabei die Ränder nicht. Wenn du zuerst leicht auf alle Teile der Pflanze eingeschlagen hast, wiederhole das Hämmern noch einmal mit etwas mehr Kraft.

6

TIPP: Verwende zum Drucken Pflanzenteile, die am selben Tag gepflückt wurden. Nach dem Trocknen lassen sich die Pflanzen nicht mehr abdrucken.

6: ÜBERRASCHUNG

Nimm das Klebeband und die Papiertücher weg und hebe vorsichtig die zerstampften Pflanzenstücke vom Papier ab. Du hast gerade deinen ersten gehämmerten Pflanzendruck gemacht! High Five!

Zum Ausprobieren: Andere Techniken

Probiere diese Technik auf Stoff. Führe die gleichen Schritte aus, aber verwende statt Aquarellpapier Baumwolle, Musselin, Seide oder auch dünne Wolle. Jede Pflanzenart verhält sich auf andere Art. Einige Drucke wirken sehr lebendig, andere zart und geisterhaft. Alle haben ihren einzigartigen Charme und ihre eigene Schönheit.

Wie viele Pflanzen kannst du auf einem Stück Aquarellpapier unterbringen? Fallen dir lustige Möglichkeiten ein, in dieser Technik mit Schablonen zu drucken? Welche Pflanzen in deiner Umgebung eignen sich am besten für gehämmerte Pflanzendrucke? Wie viele Farben und Formen kannst du aus einer einzigen Pflanze herausholen? Bei all dem kreativen Potenzial wartet hier viel Spaß auf dich! Mit etwas Übung wirst du eigene Techniken entwickeln.

PROJEKT 27: RUBBELBILDER

SCHWIERIGKEITSGRAD

MATERIAL
- Papier
- Kohlestäbchen, Wachsmalstifte oder Buntstifte
- Blätter

WERKZEUGE
- Klemmbrett

Selbst die flachsten Dinge haben kleine Erhöhungen, Grate und Vertiefungen. Eine Möglichkeit, diese winzigen Strukturen sichtbar zu machen, ist das Durchreiben auf Papier. Mit solchen Rubbelbildern überträgst du ganz einfach die Strukturen – und Spaß macht das noch dazu! In den 1920er-Jahren wurde diese Technik vom Künstler Max Ernst zur Kunstform erhoben, genannt Frottage. Du brauchst dazu weder Tinte noch Malfarbe, sondern nur Papier und ein Stück Zeichenkohle (oder einen Bleistift, Wachsmalstift oder Buntstift).

Die Blätter eines jeden Baums sind auf einzigartige Weise interessant: Jedes Blatt hat seine eigene Form und seine ganz individuellen Blattnerven und Maserungen. Dieses Projekt bietet dir die wunderbare Möglichkeit, die feinen Strukturen der Natur sichtbar zu machen. Außerdem kannst du so die unterschiedlichen Bäume deiner Nachbarschaft besser kennenlernen.

Es hat etwas Cooles, Strukturen aus der Natur wirklichkeitsgetreu zu „entnehmen" und in ein Kunstwerk einzubauen.

2

3

Reibe zunächst mit leichtem Druck über das Papier und das untergelegte Blatt.

1: EINEN BAUM BESUCHEN

Nimm dein Klemmbrett, ein paar Bögen Papier und etwas Zeichenkohle. Gehe nach draußen und suche einen Baum, bei dem du einen Ast vom Boden aus erreichen kannst. Gehe zum Astende, also dorthin, wo die Blätter dir nahe sind.

2: BLATT WÄHLEN

Spanne einen Bogen Papier in dein Klemmbrett ein. Pflücke das schönste Blatt und lege es zwischen Klemmbrett und den aufgelegten Bogen Papier. Wichtig: Die Unterseite des Blattes muss nach oben zeigen. Drücke das Blatt mit dem Papier flach – du kannst dabei durchaus Kraft ausüben.

3: RUBBELN

Nimm die Querseite eines Stäbchens Zeichenkohle und reibe sie direkt über der Stelle, an der das Blatt liegt. Du gehst mit leichtem Druck über das Papier. Reibe in verschiedene Richtungen und drücke die Kohle nach und nach ein wenig fester nach unten. Wie von Zauberhand erscheinen die zarten Muster der Blattstruktur auf deinem Papier!

Zum Ausprobieren: Rinde und Steine abreiben

Verwende auch einmal Baumrinde für ein Rubbelbild! Suche dir dafür einen Baum, den du magst und an den du zudem dicht herantreten kannst. Halte ein Stück Papier gegen den Stamm oder – noch besser – klebe den oberen und unteren Rand am Baum fest. Reibe nun mit der Seitenfläche deines Zeichenkohlestäbchens darüber. Zunächst gehst du mit sanftem Druck über die gesamte Papierfläche. Probiere aus, was passiert, wenn du auf bestimmte Bereiche des Papiers mehr Druck ausübst.

Das Abreiben ist einfach eine großartige Möglichkeit, Strukturen sichtbar zu machen. Warum solltest du sie nicht auch verwenden können, um die natürlichen Maserungen von Steinen festzuhalten?

Probiere dich auch mal an einem Rubbelbild mit mehreren Blättern aus. Verteile das Laub so unter dem Papier, wie es dir gefällt, und führe den Reibevorgang durch. Kombiniere dein Vorgehen für ein Blattrubbelbild mit anderen Techniken (wie Schablonendruck, Stift und Tinte, Pflanzenabdrucken usw.) und werde zum Multimediakünstler!

PROJEKT 28: PFLANZEN-ABDRUCKE

SCHWIERIGKEITSGRAD

MATERIAL
- Blätter
- Druckerpapier
- Schnur
- Wasser
- Essig
- rostige Metallteile, alte Nägel oder Stahlwolle

WERKZEUGE
- altes Telefonbuch oder Ähnliches zum Pressen der Pflanzen
- alter Kochtopf
- Rundstab oder Kupferrohre (etwa mit dem Durchmesser eines Besenstiels)
- Messbecher (für 240 ml)
- Herd oder Kochplatte
- Zange

Bei Pflanzenabdrucken besteht die Kunst darin, unsichtbare Farbstoffe aus einer Pflanze auf einem Stück Papier oder Stoff sichtbar zu machen. Wir sprechen dabei von „Abdrucken", da die Farben oft spezielle Formen und Muster des Objekts wiedergeben, das uns die Farbe spendiert. Möglich, dass die Menschen auch früher schon Pflanzenabdrucke kannten, aber in der Neuzeit gehörte die Künstlerin India Flint zu den ersten, die sich darauf spezialisiert haben. Sie prägte dafür den Begriff „Eco Print". Für dieses Projekt werden wir hauptsächlich Blätter von verschiedenen Pflanzen, Sträuchern und Bäumen verwenden.

Schneide oder reiße Papier auf ein Format, das aufrecht gestellt, in deinen Kochtopf passt.

1: BLÄTTER SAMMELN

Stell dir eine Auswahl von Blättern verschiedenster Sträucher und Bäume zusammen. Bewahre sie zwischen den Seiten eines alten Telefonbuchs auf, wo sie bis zu dem Tag, an dem du mit ihnen drucken möchtest, flach gepresst liegen können.

2: PAPIER VORBEREITEN

Für unseren Druckstapel verwenden wir normales Druckerpapier. Falte mehrere Blätter in der Mitte und reiße sie am Knick in jeweils zwei halbe Stücke (in die meisten großen Kochtöpfe passt halbiertes DIN-A4-Papier gut hinein). Lege den Stapel halbierter Bögen neben dich und einen Bogen vor dich auf die Arbeitsfläche.

Eine Auswahl an Färberpflanzen zum Ausprobieren:

- Grau-Erle *(Alnus incana)*
- Kulturapfel *(Malus domestica)*
- Purpurbasilikum *(Ocimum basilicum var. purpurascens)*
- Birken (*Betula*-Arten)
- Rauer Sonnenhut *(Rudbeckia hirta)*
- Brombeere *(Rubus fruticosus)*
- Möhre *(Daucus carota)*
- Holunder (*Sambucus*-Arten)
- Geranien/Storchschnäbel (*Geranium*-Arten)
- Goldruten (*Solidago*-Arten)
- Weinreben (*Vitis*-Arten)
- Fächer-Ahorn *(Acer palmatum)**
- Flieder (*Syringa*-Arten)
- Eichen (*Quercus*-Arten)
- Ringelblume *(Calendula officinalis)*
- Rotkohl sowie Grünkohl (*Brassica*-Arten)
- Rosen (*Rosa*-Arten)
- Essigbaum *(Rhus typhina)**
- Amberbaum *(Liquidambar styraciflua)**

* Diese Bäume findest du nicht im Wald, weil sie bei uns nicht heimisch sind. Sie werden aber als Zierpflanzen in Parks und manchmal sogar auf Straßen in Städten angepflanzt. Du kannst also dort nach ihnen Ausschau halten.

3

4

5

3: BLÄTTER ANORDNEN

Ordne die Pflanzenblätter nach deinen Wünschen auf dem Papier an. Überdecke den ersten Bogen Papier mit einem zweiten. Lege weitere Blätter in anderer Anordnung auf dieses Stück Papier. Fahre damit fort, bis du ein ganzes Sandwich aus Papier und Blättern von etwa 1 cm Dicke vor dir hast.

(Diese Aktion kann man getrost jüngeren Kindern allein überlassen.)

4: BLÄTTER ROLLEN

Nimm dir einen Rundstab (oder Kupferrohr) etwa vom Durchmesser eines Besenstiels und schneide ihn in 14 cm lange Stücke. Rolle dein Papier- und Blättersandwich vorsichtig um den Stab und binde es mit einem langen Stück Schnur fest zusammen. Wickle den Faden vom oberen bis zum unteren Ende um das Papier, damit du sicher davon ausgehen kannst, dass die Blätter fest an das Papier gepresst werden und nicht herausfallen können. Stelle so viele Sandwichrollen her, wie in deinen Kochtopf passen.

5: ROLLEN IN DEN TOPF STELLEN

Stelle die Sandwichrollen aufrecht in deinen Topf und fülle ihn mit Wasser. Füge 1 Becher (240 ml) Essig für jeweils 3,5 Liter Wasser hinzu.

6: ROST HINZUFÜGEN

Gib mehrere rostige Metallstücke in deinen Topf. Du kannst anstelle von Metallstücken auch etwas von der Eisenlösung/Rostbrühe aus Projekt 18 verwenden (etwa 1 Becher, 240 ml). Der Rost hilft, die dunkleren Farben zutage zu fördern, die in den Materialien natürlicherweise vorhanden sind.

TIPP: Kupfer im Topf intensiviert die Farben.

6

7

7: KÖCHELN

Stelle den Topf auf den Herd oder die Heizplatte und lasse ihn 1 Stunde lang köcheln. Hebe dann deine Sandwichrollen mit der Zange heraus und warte, bis sie abgekühlt sind. Mache dich auf eine Überraschung gefasst! Wenn du sie aufwickelst, offenbart jedes Blatt Papier ein Bild. Keines wird dem anderen gleichen! Lasse die Blätter ohne direkte Sonneneinstrahlung flach ausgebreitet trocknen.

Zum Ausprobieren: Deine Pflanzendrucke weiterverwenden

Deine neuen Pflanzendrucke sind fantastisch - und zwar so, wie sie sind. Du kannst sie als Deko aufhängen, aber genauso cool ist es, sie auch noch weiterzuverwenden.
Schöne Ideen sind beispielsweise:

- **Zeichnen auf Pflanzendrucken.**
- **Schreiben von Briefe auf helleren Drucken.**
- **Anfertigen von Collagen aus Pflanzendrucken.**

PROJEKT 29: DIREKTDRUCK VON NATURMATERIALIEN

SCHWIERIGKEITSGRAD

MATERIAL
- Laub oder andere Schätze der Natur
- alte Zeitungen, Papiertüten oder Packpapier
- Papier
- Tinte oder Malfarbe auf Wasserbasis

WERKZEUGE
- altes Telefonbuch oder ein anderes dickes Buch
- Glas- oder Plexiglasplatte (zum Beispiel Glas von alten Bilderrahmen) zum Ausrollen der Farbe
- Pinzette
- Farbwalze
- Klebeband (optional)

Wenn wir Form und Struktur eines natürlichen Objekts mit Tinte oder Druckfarbe auf ein Blatt Papier abdrucken wollen, nennt man das Naturselbstdruck. Die ältesten Formen der Druckgrafik, Handabdrücke auf Höhlenwänden, sind Beispiele für den Naturselbstdruck. Naturselbstdruck kann in ganz einfacher Form vor sich gehen – man kann beispielsweise ein Laubblatt mit den Fingern bemalen und es auf ein Stück Papier drücken. Die ausgefeiltere Technik, die im Folgenden in Einzelschritten beschrieben wird, trägt dazu bei, dein Repertoire an Naturdrucktechniken zu erweitern. Aber du musst nicht denken, dass du etwas „falsch" machst, wenn du dich für eine andere Methode entscheidest. Diese insgesamt einfache Drucktechnik bietet dir einfach schier endlose Möglichkeiten für kreative Erfahrungen, zudem lässt sie dich nebenbei auch einiges Wissenswertes über Pflanzen und Bäume lernen.

Direkter Abdruck eines Roteichenblatts und gestreifter Ahornrinde.

TIPP: Damit du dich nicht versehentlich schneidest, klebst du die Kanten einer Glasplatte ab.

Beispiel für die Organisation eines Arbeitsplatzes für den Walzendruck. Richte dich so ein, wie es dir am sinnvollsten erscheint.

1: BLÄTTER SAMMELN UND VORBEREITEN

Sammle bei dir in der Nähe Blätter von verschiedenen Bäumen und lege sie zur Aufbewahrung in ein altes Telefonbuch. Das bringt zwei Vorteile mit sich: Die Blätter werden gepresst, wodurch sie später leichter zu bearbeiten sind. Und sie können trocknen, wodurch sie länger haltbar sind.

2: ARBEITSPLATZ EINRICHTEN

Suche dir eine große, ebene Fläche zum Arbeiten und decke sie mit Zeitungspapier ab: Das erleichtert dir später das Saubermachen. Lege ein Blatt Papier vor dich hin. Die Glasplatte, die Pinzette, die Walze und das Telefonbuch mit den Baumblättern kommen zusammen mit dem restlichen Papiervorrat an die Seite.

LINKS: Wenn du eine Walze zum Einfärben der Platte verwendest, solltest du die Rolle immer nur vorwärtsbewegen. Ein Hin- und Herrollen hinterlässt dicke und dünne Farbschlieren auf der Platte.

OBEN: Das Blatt wird in die Mitte der frisch eingefärbten Platte gelegt.

TIPP: Du erkennst die richtige Menge der Druckfarbe an einem geschmeidig sirrenden Geräusch, das beim Ausrollen auf der Glasplatte entsteht. Wenn es ein schmatzendes Geräusch gibt, ist zu viel Farbe auf der Platte.

3: BLATT EINFÄRBEN

Gib einen Klecks Druckfarbe auf die Glasplatte und rolle ihn mit der Walze zu einer dünnen Schicht aus – diese sollte etwas größer sein als das Objekt, das später gedruckt werden soll. Nimm ein gepresstes Blatt aus dem Telefonbuch und lege es mitten in den farbigen Bereich. Rolle mit der Walze über das Blatt und achte darauf, dass seine gesamte Oberfläche bis zu den äußeren Rändern gleichmäßig mit Farbe bedeckt ist. Drehe das Blatt mit der Pinzette um und färbe auch seine andere Seite ein.

Ziel ist, dass das Blatt auf beiden Seiten satt und gleichmäßig mit Farbe eingestrichen ist. Zu wenig Farbe hat einen blassen Druck zur Folge, bei dem die feinen Details fehlen; zu viel Farbe ergibt einen dunklen Druck, bei dem die Details klecksartig ineinanderlaufen. Um ein Gefühl für den richtigen Weg dazwischen zu bekommen, musst du ein wenig experimentieren.

Die Farbe von der Mitte zu den Seiten des Blatts rollen.

4

5

4: BLATT AUF PAPIER LEGEN

Nimm das eingefärbte Blatt mit einer Pinzette hoch und lege es vorsichtig auf das Papier vor dich. Wo auch immer es auf dem Papier landet, dort sollte es bleiben. Wenn du es noch einmal auf dem Papier bewegst, entsteht ein Doppelbild oder der Druck verwischt.

5

Halte auf dem Papier das darunter liegende Blatt mit einer Hand fest, sodass es nicht verrutscht. Reibe mit der anderen Hand über die Oberfläche des Blatts.

5: DRUCKEN

Decke das eingefärbte Blatt mit einem weiteren Bogen Papier ab – halte mit den Fingern einer Hand dabei das Blatt zwischen den beiden Papierbögen an Ort und Stelle. Mit der anderen Hand reibst du über das obere Papier, und zwar dort, wo das Blatt liegt. Übe dabei festen Druck aus und achte darauf, dass du das Blatt in seiner Gesamtheit durch das Papier hindurch abreibst und besonders alle feinen Strukturen mit den Fingern nachfährst.

TIPP: Übe beim Halten so viel Druck aus, dass Blatt und Papier nicht verrutschen, aber nicht so viel, dass du dunkle Fingerabdrücke zwischen den Druckbögen verursachst.

Hebe das obere Papier ab und schaue dir deinen ersten Abdruck an. Nimm das Blatt mit einer Pinzette ab und entdecke den zweiten Abdruck darunter!

6: DEN ABDRUCK ENTHÜLLEN

Rolle den oberen Papierbogen zurück, um deinen Abdruck freizulegen; sieh dich dabei vor, denn manchmal klebt das Blatt am oberen Papier. Dann ist der Moment gekommen, an dem es direkte Rückmeldung in Sachen Druckprozess gibt: Hast du das richtige Maß an Farbe und Druck aufgewendet? Wenn du genau hinschaust, wird dir der Abdruck diese Fragen beantworten.

TIPP: Bereite dich beim Naturselbstdruck jedes Mal für mehrere Abzüge vor. Der beste Abdruck ergibt sich oft erst nach dem dritten oder vierten Druck von ein und demselben Objekt.

Zum Ausprobieren: Mehr Ideen für das Drucken von Naturmaterialien

- Färbe dein Druckmaterial mit einem Pumpsprüher oder einem Pinsel ein. Beide eignen sich besonders gut für Dinge, die nicht flach sind.
- Drucke mit verschiedenen Farbtönen und selbst gemachten Malfarben.
- Experimentiere mit verschiedenen Papiersorten. Dünnes Papier verhält sich anders als dickes.

Experimentiere zum Einfärben von Druckobjekten mit Sprühern, Pinseln, Walzen und selbst hergestellter Farbe.

Das Drucken mit Naturmaterialien ist für Kinder jeden Alters ein großer Spaß!

SCHABLONEN-DRUCK

Die letzten Projekte zum Thema Drucken gehören zu einer besonderen Kategorie und verdienen ein eigenes Kapitel.

Eine Schablone ist eine Form von „Abdeckung“, also etwas, das du auf (oder vor) eine Oberfläche legst oder hältst, ehe du Farbe aufträgst. Wenn du die Druckfläche einfärbst, hält die Schablone das Pigment davon ab, die darunterliegenden Bereiche einzufärben. Stelle dir eine Schablone wie einen Schild vor, der das Papier vor der Farbe abschirmt. Alles um die Abdeckung herum wird eingefärbt, aber die Teile unter dem „Schutzschild“ nicht.

Als Schablonen können alle möglichen natürlichen Objekte dienen, Hände und Blätter beispielsweise. Zudem können Schablonen aus Papier oder Karton herausgeschnitten werden. Das Basteln und der Umgang mit den Schablonen werden dir gefallen!

Projekt 30: Die Hand als Druckschablone

Schwierigkeitsgrad

Material
- Malfarbe oder Tinte
- Zeitungspapier (optional für drinnen)
- Papier

Werkzeuge
- Sprühflasche oder Pinsel

Die älteste Schablonenkunst, die wir kennen, stammt aus der Steinzeit. Die Menschen hielten ihre Hände an eine Felswand und besprühten sie mit Farbe. Sogar Abdrucke von Kleinkinderhänden sind dabei! Die Bilder, die diese frühen Künstlerinnen und Künstler schufen, sind kraftvoll und schön. Einige bestehen aus einer einzelnen Hand, andere zeigen verschlungene Muster aus sich überlappenden Händen. Für welche Gestaltung du dich auch immer entscheidest, du wirst sehen, was für ein schönes Handwerk diese Druckform im wahrsten Sinne des Wortes ist!

Urzeitliche Schablonenkunst aus der Eiszeit. Chauvet-Höhle, Frankreich.

1: DEINE HÄNDE FINDEN
Sie sollten dort sein, wo du sie zuletzt gelassen hast.

2: FARBE ODER TINTE ZUBEREITEN
Siehe etwa Projekte 3, 4, 17 oder 18.

3: ARBEITSPLATZ EINRICHTEN
Wenn du draußen arbeitest, großartig! Du musst dein Papier nur irgendwo aufhängen - vielleicht kannst du es an eine Schuppenwand heften - oder flach auf einen Tisch legen. Wenn du drinnen arbeitest, breite Zeitungspapier zum Schutz aus, damit du keine Flecken hinterlässt. Lege erst dann dein Blatt Papier bereit.

4: SPRÜHEN
Solltest du Druckfarbe verwenden, gib etwas davon in eine Sprühflasche und verdünne sie mit Wasser. Lege dann eine Hand flach auf das Papier und halte sie still. Mit der anderen greifst du die Sprühflasche und versprühst die Farbe rund um deine abgelegte Hand. Hebe die Hand und schaue dir das Ergebnis an! Wenn du Farbe und einen Pinsel verwendest, führe die gleichen Schritte aus. Drücke deine Hand jedoch fester auf das Papier, während du mit dem Pinsel die Farbe um die Hand und zwischen den Fingern verteilst.

4

Zum Ausprobieren: Mit den Händen gestalten

Verwende verschiedene Pigmente für deine Farben, nutze Zeichenkohle, bunte Malfarben oder farbige Stifte. Probiere Handabdrücke auf jede Art und Weise, die dir in den Sinn kommt!

Gestalte deine Kunstwerke mit mindestens sieben verschiedenen Farben oder Materialien und so vielen Handformen, wie du magst. Wie viele verschiedene Designs gelingen dir mit Handschablonen? Kannst du deine Hände wie etwas anderes aussehen lassen?

Teste auch verschiedene Arten von Papier! Die Druckfarben, die du verwendest, zeigen sich je nach Papiersorte etwas anders.

PROJEKT 31: GEGENSTÄNDE ALS DRUCKSCHABLONEN

SCHWIERIGKEITSGRAD

MATERIAL
- verschiedene Schätze der Natur
- Zeitungspapier
- Papier
- Tinte oder Farbe (siehe etwa Projekte 3, 4, 17 oder 18)

WERKZEUGE
- Sprühflasche

Ein schicker Kunstbegriff für Schablonendrucke mit dreidimensionalen Gegenständen ist *Aerografie*. Bei dieser Technik wird Tinte oder Druckfarbe über ein Objekt gesprüht, womit man höchst einzigartige Schabloneneffekte erzielen kann.

Zu den echt coolen Dingen an der Aerografie gehört die Vielfalt der Linien und Konturen, die du erzeugen kannst. Manchmal erhält man ein realistisches Abbild des Objekts, ein anderes Mal erscheint es eher abstrakt und verschwommen. Diese Bandbreite der Ausdrucksmöglichkeiten ist wahrscheinlich der Grund dafür, warum diese Technik bei einigen surrealistischen Malern zu Anfang des 19. Jahrhunderts sehr beliebt war.

Die Objekte, die dabei als Schablone dienen, können flach sein – wie Laubblätter –, müssen es aber eben nicht. Beliebige Formen sind möglich. Mit ein wenig Übung wirst du viel Gefallen an den unendlichen Möglichkeiten dieser Methode gewinnen.

Als Schablonen verwendete gefundene Gegenstände und die daraus entstandenen Bilder.

Die Schablonen-Objekte können für sich allein verwendet oder in mehreren Lagen übereinander gesprüht werden.

1: AUF SCHATZSUCHE GEHEN

Nimm auf Streifzüge am besten eine große Tasche mit und sammle Dinge mit interessanten Formen. Halt die Augen offen nach Tannenzapfen, Blättern, Blumen, Ästen, Zweigen, Federn und anderen Dingen. Ziehe aber keine ganze Pflanze aus dem Boden, du brauchst für dieses Projekt nichts zu töten. Trage deine Schätze zu deinem Arbeitsplatz.

2: ARBEITSPLATZ EINRICHTEN

Benutze reichlich Zeitungspapier als Abdeckung, um dir später das Saubermachen zu erleichtern. Lege dann einen Bogen Papier zum Bedrucken auf das Zeitungspapier.

3: SPRÜHFLASCHE FÜLLEN

Gib etwas Tinte in die Sprühflasche. Wenn deine Tinte viele Ablagerungen enthält, gieße sie zuerst durch einen feinen Filter, etwa ein Tuch oder ein altes T-Shirt. Sofern die Tinte dickflüssig ist wie Sirup, verdünne sie mit etwas Wasser; dasselbe gilt für Malfarbe.

4: SPRÜHEN

Lege deine Naturschätze auf das Blatt Papier und besprühe sie mit Tinte. Sprühe aus verschiedenen Richtungen, um mehr Details in deinem Bild einzufangen. Hebe die Objekte ab, dann kannst du dein Schablonenbild begutachten.

TIPP: Spiele beim Aufsprühen der Farbe mit der Entfernung der Schablonenobjekte vom Papier: Ist eines nah dran, werden die Konturen deutlich und scharf. Ist das Objekt jedoch etwas vom Papier entfernt, verschwimmen die Konturen weich.

Zum Ausprobieren: Bild im Bild

Verwende mehrere glatt gepresste Blätter für einen besonders kunstvollen Schablonendruck. Ordne die Blätter auf dem Papier an, wie es dir gefällt: einige mit der Oberseite nach oben, andere mit der Unterseite nach oben. Besprühe sie mit der Sprühflasche und der Farbe. Drehe nun vorsichtig ein Blatt um und drucke es in seinen eigenen Schablonenumriss. Mache dies mit anderen Blättern und sieh, was für coole Muster du erhältst!

PROJEKT 32: SCHNITT-SCHABLONEN

SCHWIERIGKEITSGRAD

MATERIAL
- Bleistift oder Kohlestift
- Karton oder Pappe
- Tinte oder Malfarbe (siehe etwa Projekte 3, 4, 17 oder 18)
- Papier
- alte Zeitung

WERKZEUGE
- Bastelmesser
- Schneidebrett
- Schere
- Sprühflasche

Schnittschablonen, die man von Hand fertigt, bestehen aus dünnen Trägermaterialien, in der Regel aus Karton, Pappe, Kunststoff oder Metall. Und wie der Name schon vermuten lässt, werden die Motive in diese Trägermaterialien eingeschnitten. Daraufhin wird die Schablone auf die Druckfläche gelegt und mit Farbe übersprüht. Seit Jahrhunderten bedienen sich Künstlerinnen und Künstler auf der ganzen Welt Schablonen zum Illustrieren von Büchern, zum Bemustern von Stoffen, zum Verzieren von Holz, zum Kolorieren von Grafiken oder zum Herstellen von Spielkarten. Schablonen sind auch bei vielen Street-Art-Künstlern ein beliebtes Ausdrucksmittel.

Der Schablonendruck eröffnet eine ganze neue Welt voller kreativer Möglichkeiten, denn du bist frei in der Gestaltung deiner eigenen Schablonenmotive!

Eine Sammlung handgeschnittener Schablonen und das daraus entstandene Bild.

1

1: VORZEICHNEN

Zeichne eine Form für dein Schablonenbild auf ein Stück Karton. Gestalte für den Anfang deine Formen so einfach wie möglich – verrückter kannst du sie später immer noch machen. Die Formen können der Fantasie entspringen, geometrisch sein oder realen Motiven nachempfunden sein. Du hast dabei völlig freie Hand.

2: SCHNEIDEN

Schneide deine Formen, wobei du die gezeichneten Linien als Richtschnur verwendest. Ist dein Entwurf sehr detailreich, lege das Papier auf das Schneidebrett und arbeite mit dem Bastelmesser; ansonsten greife einfach zur Schere.

TIPP: Bewahre die Teile auf, die du aus dem Schablonenentwurf herausgeschnitten hast. Diese können ebenfalls als Schablonen verwendet werden!

2

3: FARBE IN SPRÜHFLASCHE FÜLLEN

Gib etwas Tinte in eine Sprühflasche. Enthält deine Tinte viele Ablagerungen, gieße sie zuerst durch einen feinen Filter, etwa ein Tuch oder ein altes T-Shirt. Ist die Tinte dickflüssig wie Sirup, verdünne sie mit etwas Wasser – dasselbe gilt auch bei Verwendung von Malfarbe.

TIPP: Drehe deine Schablone um und nutze auch die andere Seite! So hast du zwei Motive in einem: eines spiegelbildlich zum anderen.

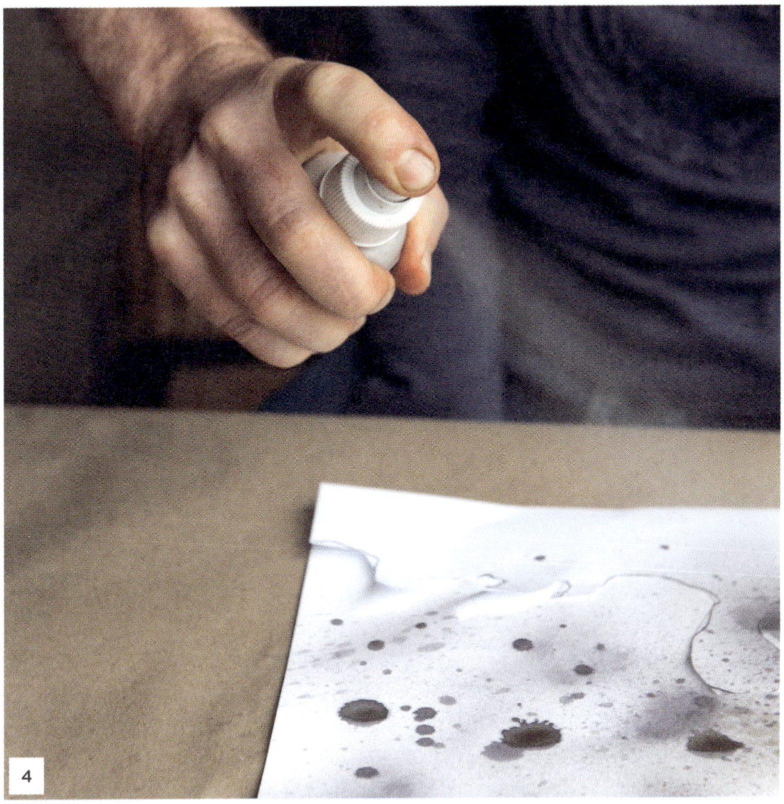

4

TIPP: Willst du deine Schablonen verstärken, um sie viele Male verwenden zu können, bestreiche beide Seiten mit wasserfestem Holzleim. Sind die Schablonen weitgehend trocken, presse sie, damit sie sich nicht wellen.

Zum Ausprobieren: Eine Schablonenbibliothek

Ich bewahre alle meine Schablonen in einem Karton auf: Das ist meine Bibliothek! Du kannst dir deine eigene Schablonenbibliothek gestalten und gern auch schön verzieren. Wenn du deine Schablonen nach der Verwendung aufräumst, lege sie in einen Ordner oder eine Schachtel zu deinen anderen Schablonen. So hast du sie alle bei neuen Projekten beisammen. Achte darauf, sie flach zu lagern, damit sie sich nicht verbiegen. Ich nehme sogar noch einen Probedruck jeder Schablone in meine Bibliothek mit auf. Das macht den Karton nämlich überdies noch zu einer sich ständig erweiternden Kunstgalerie!

4: SPRÜHEN

Schütze den Tisch mit Zeitungspapier, obenauf platzierst du dein Druckpapier. Lege deine Schablone auf das Papier und sprühe um sie herum mit Tinte. Hebe dann vorsichtig deine Schablone ab und schaue dir dein Designergebnis an!

Experimentiere damit, die Schablone auf dem Papier zu verschieben. Baue dein Bild aus mehreren Farbschichten auf. Verwende deine Schablonen mit Kohlestiften, Malfarbe und Pinsel, mit Wachsmal- und Buntstiften. Spiele einfach damit herum und erforsche, was alles möglich ist!

PAPPMASCHEE

Mit den richtigen Rezepten und ein wenig Übung ist es möglich, Altpapier, wie zum Beispiel alte Zeitungen, Reklamesendungen und Restpappe, in tolle dreidimensionale Kunstwerke zu verwandeln!

Es gibt grundsätzlich zwei Anfertigungsmethoden: Bei beiden Techniken wird ein Bindemittel, normalerweise Mehlkleister oder Holzleim, mit Papier vermischt und auf ein Gerüst, die sogenannte „Armatur", aufgetragen. Bei der einen Technik werden Papierstreifen verwendet, bei der anderen das zu Faserbrei aufgelöste Papier. Manche Künstler nutzen nur eine Technik, andere gestalten ein Werk mit einer Kombination aus beiden.

Manche denken, dass das *Papiermaché* (so schreibt man es klassischerweise) in Frankreich erfunden wurde – wörtlich bedeutet es aus dem Französischen übersetzt „gekautes Papier". Aber im alten China haben Künstler – schon lange vor allen anderen – die tollsten Sachen damit gemacht. Bereits vor 2000 Jahren wurde in China das Papier erfunden, also ist es nicht überraschend, dass auch Pappmaschee von dort zu uns gelangt ist. Seitdem wird diese Technik auf der ganzen Welt für die unterschiedlichsten plastischen Arbeiten verwendet.

Die Möglichkeiten der Formengestaltung mit Pappmaschee sind so gut wie unendlich: Jede Form, die du dir vorstellen kannst, kannst du an sich auch aus Pappmaschee bauen!

PROJEKT 33: PAPPMASCHEEMASKE AUS PAPIERSTREIFEN

SCHWIERIGKEITSGRAD

MATERIAL
- Zeitungspapier oder anderes Altpapier
- Kreppband
- Weizenmehl
- Wasser
- Schnur

WERKZEUGE
- Rührschüssel
- Tasse (120 ml)
- Löffel oder Schneebesen
- spitze Schere

Das Anfertigen von Masken und das sich damit Verkleiden gehört wahrscheinlich zu den urtümlichsten Kunstformen der Menschheit. Fast jedes erdenkliche Naturmaterial lässt sich zum Anfertigen von Masken verwenden. Aber die einzig erhaltenen frühen Exemplare, sind solche aus Stein. Die älteste Maske, von der wir wissen, ist 9000 Jahre alt und stammt aus dem judäischen Bergland, das sich um das heutige Jerusalem erstreckt. Wann tatsächlich die allerersten Masken hergestellt wurden, werden wir nicht mehr erfahren. Sie sind schon vor langer Zeit zu Staub zerfallen. Trotzdem können wir mit Sicherheit sagen, dass der Mensch seit Urgedenken Masken gestaltet.

Dieses erste Projekt vermittelt dir Grundkenntnisse rund um Pappmaschee. Am Beispiel einer Maske erfährst du, was es bei den meisten Pappmaschee-Arbeiten zu wissen gilt. Die danach folgenden Pappmaschee-Projekte bauen auf dem auf, was du in diesem ersten Projekt lernst.

1

1: DIE ARMATUR

Da unsere Gesichter nicht flach sind, muss der Gegenstand, den man als Gerüst zum Aufbauen einer Maske nutzt, leicht gekrümmt sein. Wenn du nicht deine eigene maßgeschneiderte Armatur basteln willst, kannst du eine Wassermelone, einen großen Kürbis oder einen Baumstamm in der passenden Krümmung verwenden. Für unser Projekt werden wir zerknülltes Zeitungspapier und Klebeband nehmen. Denn dabei übst du etwas, das du auch später noch brauchen wirst.

Armaturen

Die Armatur ist die Gerüstform, auf der du deine Pappmaschee-Figur aufbaust. Betrachte sie als den Körper deines Projekts, während das Pappmaschee die Haut oder das Außenskelett darstellt. Eine Armatur kann etwas ganz Simples sein, wie ein zerknülltes Zeitungsblatt, ein Pappkarton oder ein Stab. Sie kann aber auch eine kompliziert aufgebaute Konstruktion aus untereinander verbundenen Teilen sein - aus Holz, Metall, gerettetem Müll, Recyclingmaterialien, aufgeblasenen Luftballons oder allem möglichen anderen, das du selbst auswählen und mit aufgeklebtem Papier beschichten kannst.

Bei manchen Projekten kommt eine Hilfsarmatur zum Einsatz, die du später herausnimmst (so etwa bei der Herstellung einer Maske). Andere Projekte erfordern eine eingebaute Armatur, die wie ein Skelett dauerhaften Halt bietet. Das ist in der Regel bei aufwendigen Projekten der Fall, zum Beispiel bei großen Skulpturen.

Manchmal lässt sich kein geeignetes Objekt für eine Armatur finden und man muss selbst eine anfertigen. Dann sind altes Zeitungspapier und eine Rolle Malerabdeckband allerdings schon fast alles Notwendige, um beinah jede gewünschte Form herzustellen. Füge Karton zu deiner Materialliste hinzu und alles wird möglich!

Nutze die folgenden Techniken:

- Zerknüllen: Verwende zu Bällen geknülltes Papier einzeln, zusammengeklebt oder in eine Papiertüte gestopft.
- Verdrehen: Stelle lange Würste oder Spiralen aus zerknülltem und umeinander gedrehtem Papier her.
- Einwickeln: Verwende ein Zeitungsblatt zum Bündeln und Einpacken geknüllter Papierbälle oder -spiralen.

Halte die zerknüllten und verdrehten Papierteile mit Klebeband oder Schnur zusammen. Füge so viele hinzu, bis die Form deiner Wunschvorstellung entspricht.

2

3

2: STREIFEN REISSEN

Jedes Altpapier ist geeignet, aber Zeitungspapier lässt sich besonders leicht organisieren und in lange Streifen reißen. Nimm einige Seiten aus der Zeitung und halte sie an der mittleren Bruchkante fest. Reiße sie von diesem Bruch ausgehend in 2 bis 4 cm breite Streifen. Stelle dir für den Anfang einen kleinen Stapel der Streifen her. Zum jetzigen Zeitpunkt ist es unwichtig, ob es schon alle Streifen sind, die du brauchst. Nichts ist leichter, als für Nachschub zu sorgen, sobald du mehr benötigst.

3: KLEISTER ANRÜHREN

Das Verhältnis von Mehl zu Wasser für den benötigten Kleister beträgt etwa 1 zu 1, aber die Menge hängt davon ab, wie viel du für dein Projekt brauchst. Beginnen wir mit 1 Tasse (120 g) Weizenmehl und 2 Tassen (240 ml) Wasser.

Gib etwas Mehl in eine Schüssel und füge ein wenig kaltes Wasser hinzu; verrühre beides mit einem Löffel, einem Schneebesen oder einfach den Fingern. Sobald sich die Klümpchen aufgelöst haben, fügst du mehr Mehl und Wasser hinzu, bis jeweils die ganze Menge ohne Klümpchen zusammengemischt ist.

Die Dickflüssigkeit kann man nach der eigenen Vorliebe bestimmen. Manche Künstler mögen ihren Pappmaschee-Kleister wie Bastelkleber, andere wie Pfannkuchenteig. Und wieder andere mögen ihn noch dickflüssiger. Hauptsache ist, dass alles funktioniert.

TIPP: Es ist sinnvoll, genug Kleister für das jeweilige Projekt herzustellen, ohne dass ein allzu großer Rest übrig bleibt. Mehlkleister lässt sich nämlich nicht gut lagern, weil er nach längerem Stehen seine Klebkraft verliert und zu riechen anfängt.

4

TIPP: Lege deine Pappmaschee-Form irgendwo hin, wo sie schnell trocknen kann, zum Beispiel in die Sonne oder in die Nähe eines Ventilators oder einer Heizung. Die noch nasse Schicht mit einer weiteren nassen Schicht zu bedecken, das ist keine gute Idee. Hier kann es passieren, dass das Ganze schimmelt. Gehe daher am besten auf Nummer sicher und lasse jede Schicht vollständig durchtrocknen, bevor du weitermachst.

4: DIE ERSTE SCHICHT

Platziere deine Armatur auf der Arbeitsfläche und breite ein paar Blätter Zeitungspapier darüber. So lässt sich die fertige Maske später leichter abnehmen – hoffentlich ohne dass die Armatur kaputtgeht, falls du sie noch einmal verwenden möchtest.

Nimm einen Papierstreifen, tauche ihn in die Schüssel mit Mehlkleister und ziehe ihn über den Rand der Schüssel wieder heraus, um überschüssige Flüssigkeit abzustreifen. Lege den nassen Papierstreifen quer über den oberen Rand deiner Maskenarmatur. Wiederhole dies mit einem zweiten, in den Kleister getauchten Papierstreifen, wobei du diesen Streifen, etwa um die Hälfte versetzt, überlappend unter den ersten Streifen klebst.

Klebe Streifen um Streifen untereinander auf, bis du am unteren Rand der Armatur angelangt bist. Wichtig ist, dass du mit jedem Streifen den vorherigen ein Stück weit überdeckst. Achte darauf, dass du die überlappenden Ränder gut festdrückst, damit alles zusammenklebt und sich das Papier an die Krümmung der Armatur anpasst. Hast du die gesamte Armatur bekleidet, muss die Papierschicht trocknen, bevor du weitermachen kannst.

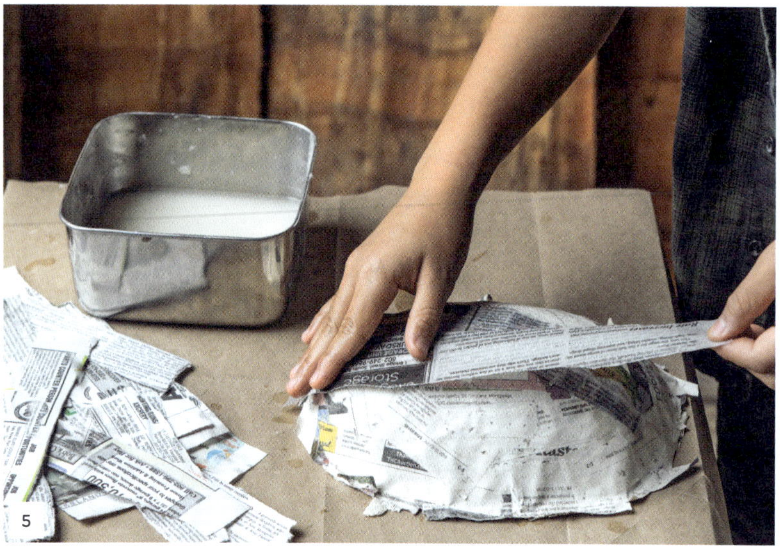

5

6

5: NÄCHSTE SCHICHT

Ist die erste Schicht Pappmaschee vollständig getrocknet, wiederhole den vorherigen Schritt. Lege jedoch diesmal die nassen Papierstreifen quer zu den Streifen der ersten Schicht. Dieses Überkreuzen verleiht deiner Maske Stabilität. Lasse auch diese Schicht vollständig durchtrocknen und füge dann, wieder quer zur zweiten Schicht, eine dritte Schicht hinzu. Du kannst so viele Schichten auftragen, wie du möchtest; je dicker die Schicht ist, desto stabiler und steifer wird die Form. Beim Legen der Streifen nach dem hier erklärten Vorgehen sollten drei Schichten jedoch ausreichen.

TIPP: Wasche Schüssel und Löffel oder Schneebesen, sobald du sie nicht mehr brauchst. Der Kleister trocknet hart aus. Ehe er diesen Zustand erreicht hat, lässt er sich deutlich leichter entfernen.

6: RÄNDER BEGRADIGEN

Nachdem die letzte Schicht getrocknet und fest geworden ist, kannst du deine Maske von der Armatur abnehmen. Wenn du dabei stets vorsichtig vorgehst und die Armatur nicht beschädigst, kannst du sie noch für viele weitere Masken verwenden. Die überstehenden Papierecken am Rand der Maske schneidest du mit einer Schere ab, damit der Rand schön gerade ist. Mit kurzen Pappmaschee-Streifen kannst du ihn dann noch folgendermaßen glätten: Lege die kurzen Streifen so um den Rand, dass eine Hälfte innen und die andere außen liegt. Dies ist ein kleines Extra, das die Maske nicht nur stabiler macht, sondern auch angenehmer zu tragen.

7

7: AUGENLÖCHER UND BEFESTIGUNG

Jetzt brauchst du noch Gucklöcher, sonst kannst du ja beim Tragen deiner Maske nichts sehen. Zeichne die Stellen an, hinter denen sich die Augen befinden werden, und piekse dort mit der Spitze einer scharfen Schere je ein Loch hinein. Probiere die Maske, bevor du die Löcher weiter ausweitest, an, damit du weißt, welche Größe die Löcher haben müssen, um die beste Sicht zu gewährleisten. Dann kannst du die Augenlöcher in eine Form schneiden, wie du sie haben möchtest. Befestige zum Schluss eine Schnur so an der Rückseite, dass die Maske dicht an deinem Gesicht sitzt.

Zum Ausprobieren:

Eine Maske ist das ideale Objekt für eine Bemalung mit deinen selbst gemachten Malfarben. Farben nach den Rezepturen in den Projekten 3 und 4 sind dafür gut geeignet und sehen an deiner neuen Maske supercool aus. Gönne der Maske mindestens zwei Farbschichten, damit die Zeitung darunter nicht mehr durchschimmert.

Stelle mit der Pappmaschee-Streifentechnik eine Schachtel für deine handgemachten Wachsmalstifte her (Projekte 14 und 15). Die Schachtel gibt den Stiften den perfekten Schutz und macht gleichzeitig noch einen schicken Eindruck.

PROJEKT 34: PULP HERSTELLEN

SCHWIERIGKEITSGRAD

MATERIAL
- Wasser
- altes Zeitungspapier
- Weizenmehl
- Salz
- ätherisches Rosmarin- oder Nelkenöl (optional)

WERKZEUGE
- 2 20-Liter-Eimer
- langer Rührstab oder langstieliger Kochlöffel
- Stabmixer, Schneebesen oder Handbohrmaschine mit Rühraufsatz (optional)
- Schnur oder starkes Gummiband
- altes T-Shirt
- Messbecher (für 240 ml) und Tasse (120 ml)
- Teelöffel
- große Schüssel

Für eine zweite Form von Pappmaschee stellen wir aus geschreddertem und in Wasser eingeweichtem Papier einen Faserbrei her. Dieser auch als „Pulp" bezeichnete Papierbrei wird mit einer Kleistermasse vermischt und wie Brotteig durchgewalkt, bis er sich wie Knete anfühlt. Mit Pulp kann man die Pappmaschee-Objekte, die mit der einfachen Papierstreifenmethode (siehe Projekt 33) hergestellt wurden, um feine Details und dreidimensionale Merkmale ergänzen.

Pulp eröffnet dir eine Menge Möglichkeiten, kreativ zu modellieren! Es gibt viele Rezepte für die Zusammensetzung, aber ich halte die einfachen für die besten.

Mit Pulp sind deiner Fantasie keine Grenzen gesetzt!

1

2

1: PAPIER ZERKLEINERN

Gib 2 Liter heißes Wasser in einen der Eimer.

Reiße dann ein paar Blätter Zeitungspapier in extraschmale Streifen und lege sie in den Eimer. Du kannst hier jede Sorte Altpapier verwenden, am besten eignet sich jedoch Zeitungspapier, weil es sich leicht in den Brei zurückverwandeln lässt, aus dem es hergestellt wurde. Rühre jedes Mal, wenn du geschreddertes Papier in den Eimer hinzugibst, die Mischung mit einem Stab oder einem langstieligen Kochlöffel gut durch.

TIPP: Je schmaler die Streifen sind, desto leichter lassen sie sich in Papierbrei verwandeln.

2: RÜHREN UND EINWEICHEN

Füge noch einmal 2 Liter heißes Wasser dazu und bewege das Papier im Wasser solange, bis auch die letzten Fetzen zu Brei zerfallen sind. Das dauert eine Weile. Lasse die Masse über Nacht stehen und rühre oft um.

TIPP: Du kannst diesen Vorgang mit einem elektrischen Rührgerät beschleunigen.

3: ABSEIHEN

Binde ein altes T-Shirt mit einer Schnur oder einem starken Gummiband über die Öffnung des zweiten, leeren Eimers. Gieße den Brei aus dem ersten Eimer durch das T-Shirt in den zweiten Eimer. Der Stoff wirkt wie ein Sieb und fängt den Brei auf, während das überschüssige Wasser in den Eimer abfließt.

4: ENTWÄSSERN

Ist der gesamte Faserbrei im T-Shirt-Sieb aufgefangen, nimm das T-Shirt an den Rändern, fasse es zusammen und heb es wie einen Sack aus dem Eimer. Drücke den Sack aus, bis das meiste Wasser aus dem Papierbrei herausgekommen ist. Es geht nicht um jeden kleinen Tropfen, aber darum, dass die Masse nicht mehr tropfnass ist.

Der Papierbrei wird mit Mehl und Salz – vielleicht auch etwas ätherischem Öl – gemischt und mit den Händen geknetet wie Brotteig.

TIPP: Teile ein Stück Pulp ab und versuche es zu einer Wurst oder einer Schnecke zu formen. Sofern der Pulp nicht auseinanderfällt oder an den Händen klebt, ist er richtig zum Verarbeiten. Ist der Pulp zu nass, kannst du mehr Mehl (und/oder Backpulver und/oder feines Sägemehl) hinzufügen, bis er eine leicht formbare und zusammenhängende Masse bildet.

5: PULP KNETEN

Verwende einen Messbecher, um etwa 3 Becher (720 g) Papierbrei in eine große Schüssel abzufüllen. Füge etwa 1 Tasse (120 g) Weizenmehl und 1 Teelöffel Salz dazu. Vermische alles mit den Händen. Konzentriere dich darauf, alle Klumpen aufzulösen. Fahre fort, bis die gesamte Masse eine gleichmäßige Konsistenz hat.

TIPP: Gib ein paar Tropfen ätherisches Rosmarin- oder Nelkenöl in den Pulp. Dies soll verhindern, dass sich auf deinen Kreationen Schimmel bildet, besonders wenn du in einer feuchten Gegend lebst.

Zum Ausprobieren: Verschiedene bindende Zusätze

Jede der folgenden bindenden Substanzen hat beim Mischen und Verkneten mit Papierbrei ihre besonderen Eigenarten. Je nachdem kann die eine für dein Vorhaben besser geeignet sein als die andere. Experimentiere mit diesen verschiedenen Möglichkeiten: Vielleicht entdeckst du ein neues Rezept für Pulp!

- Weißleim: etwa ¼ Tasse (60 ml) auf jeweils 2 Tassen (240 g) Papierbrei
- Speisestärke: etwa ¼ Tasse (30 g) auf jeweils 2 Tassen (240 g) Papierbrei
- Gelatine: etwa ¼ Tasse (30 g) auf 2 Tassen (240 g) Papierbrei
- Tapiokastärke: etwa ¼ Tasse (30 g) auf 2 Tassen (240 g) Papierbrei

PROJEKT 35: MASKEN MODELLIEREN

SCHWIERIGKEITSGRAD

MATERIAL

- Masken-Vorform
- Pulp (aus Projekt 34)
- alte Zeitung
- Malerabdeckband
- Schnur
- Malfarbe (aus Projekt 3 oder 4)

WERKZEUGE

- Messer
- Pinsel

Weil Masken so cool sind, werden wir eine weitere anfertigen, um unsere Erfahrungen hier um Pulp zu erweitern. Du kannst die Maske aus Projekt 33 weiterbearbeiten oder eine neue Maske anfertigen.

Pappmaschee-Masken in verschiedenen Stadien der Bearbeitung.

3

Verwende zerknülltes und verdrehtes Zeitungspapier und Malerabdeckband, um Mini-Armaturen für Ohren, Nase und Mund vorzuformen.

4

TIPP: Verwende Klebeband, um das Papier so genau wie möglich an die Form anzupassen, die du haben willst. Das kostet dich jetzt etwas Zeit, die du dir aber später sparst!

1: GRUNDFORM ANFERTIGEN

Fertige nach der Pappmaschee-Grundtechnik, wie du sie in Projekt 33 kennengelernt hast, eine Maske an. Lege sie aber dieses Mal nach dem Ausschneiden der Augenhöhlen wieder auf die Armatur zurück.

2: PULP ANMISCHEN

Stelle nach der Anleitung aus Projekt 34 Pulp zum Modellieren her.

3: GESICHTSZÜGE VORFORMEN

Füge deiner Maske mit geknülltem Papier und Abdeckband kleine Grundgerüste für Gesichtszüge hinzu. Beginne mit der Nase: Zerknülle ein Blatt Zeitungspapier zu einer kastenförmigen Wulst, die an einem Ende etwas schmaler zuläuft. Klebe sie dorthin mitten ins Gesicht, wo die Nase hingehört. Drehe für die Lippen und die Augenbrauen kleinere „Würste" aus Papier. Baue auf diese Weise die Stellen an der Maske auf, an denen es Hervorhebungen geben soll.

4: ERSTE SCHICHT PULP

Bedecke die gesamte Maske mit einer dünnen Schicht Pulp. Damit sie schnell trocknet, sollte sie nicht dicker sein als 1 cm. Die Schicht muss vollständig trocknen, bevor du eine zweite auftragen kannst. Lege die Maske in die Sonne oder in die Nähe eines Ventilators, um diesen Prozess zu beschleunigen.

TIPP: Ein verstellbares Band an der Maske ermöglicht dir einen passgenauen Sitz.

TIPP: Du kannst so viele Schichten auftragen, wie notwendig sind, um die von dir gewünschten Formen herauszumodellieren.

5: ZWEITE SCHICHT

Nimm die Maske von der Armatur ab, nachdem die erste Schicht Pulp vollständig getrocknet ist. Jetzt hast du die Gelegenheit, deine Maske mit dem Pulp in allen Einzelheiten gestalterisch auszuarbeiten. Verwende kleine und große Klumpen Pulp – je nachdem, welche erforderlich sind –, und füge sie an den Stellen hinzu, die aufgebaut werden müssen. Wie modellierst du die Augenbrauen? Was ist mit Wangen und Grübchen? Wie kannst du Nasenlöcher gestalten? Bist du mit den Details fertig, lasse die Maske abermals trocknen.

6: BEFESTIGUNG HINZUFÜGEN

Bringe an dem Außenrand der Maske eine Trageschnur an. Markiere zunächst die Stellen, an denen die Löcher sitzen sollen. Lege dann die Maske auf ein Schneidebrett und stich an den Markierungen oberflächlich mit der Messerspitze in die Maske. Halte die Maske fest zwischen Schneidebrett und Messerspitze und bohre mit einer Drehbewegung und leichtem Druck ein Loch. Wiederhole dies auf der anderen Seite und binde dann in jedes Loch ein Stück Schnur, sodass du die Maske zum Tragen hinter dem Kopf festbinden kannst.

7: MASKE BEMALEN

Bemale deine Maske mit Farben aus den Selbermachrezepten von Projekt 3 oder 4. Male sie so bunt an, wie es dir gefällt. Überlege dir vorher verschiedene Motive und Muster, wenn du solche auf deiner Maske verwenden möchtest: Du kannst sie später immer noch ändern, wenn dir danach ist.

Zum Ausprobieren:

Nach dem Trocknen kannst du deine Pappmaschee-Maske wie eine Holzskulptur bearbeiten, ehe du sie bemalst. Jedes Holzbearbeitungswerkzeug funktioniert auch bei Pappmaschee. Du solltest nur darauf achtgeben, dass die Schichten dick genug sind, damit du kein Loch in dein Werk machst. Wenn es doch passiert, flicke es einfach mit neuem Pulp! Experimentiere mit Raspel, Schleifpapier und Schnitzmessern.

PROJEKT 36: KÜNSTLERKOFFER AUS PAPPMASCHEE

SCHWIERIGKEITSGRAD

MATERIAL
- Karton oder Pappschachtel
- Pulp (aus Projekt 34)
- Malfarbe (aus Projekt 3 oder 4)

WERKZEUGE
- Pinsel
- Schleifpapier

Für die Kunst benötigtes Material und Werkzeug sind wichtige Dinge im Leben eines kreativen Menschen. Wenn diese Dinge keinen festen Platz haben, kann es mitunter schwierig werden, sie zu finden, wenn man sie braucht. Du kannst sie natürlich in jedem x-beliebigen alten Karton aufbewahren, aber mit Pappmaschee kannst du dir auch deinen ganz speziellen Künstlerkoffer gestalten! So kann man wunderbar einen Wegwerfgegenstand in etwas verwandeln, das lange hält und schön ist.

Pappkartons, -schachteln und -dosen aller Art und Größe lassen sich mit Pappmaschee zu kleinen Kunstwerken „upcyceln".

1: SCHACHTEL FINDEN

Wofür benötigst du die Schachtel? Suchst du nur ein Zuhause für deine Stifte, wähle eine kleine Schachtel. Willst du jedoch versuchen, alle deine handgefertigten Werkzeuge darin unterzubringen, nimmst du etwas Größeres. Ob du ein Aufbewahrungsbehältnis mit oder ohne Deckel brauchst, das hängt davon ab, welche Art von Leben dein Künstlerkoffer führen wird.

Für Utensilien, die griffbereit auf dem Arbeitstisch stehen sollen, benötigst du keinen Deckel; da eignen sich entweder flache Schalen am besten, die fast schon wie ein Tablett anmuten, oder hohe becherförmige Behälter. Für Kästen, die dich bei deinen Abenteuern begleiten sollen, wähle Klappschachteln mit einem „eingebauten" Deckel. Am hinteren Ende ist der Deckel fest und am vorderen hat er eine Lasche, die man einsteckt.

1

3

4

2: PULP ANFERTIGEN

Gehe wie in Projekt 34 vor und bereite Pulp zu.

3: MIT PULP BESCHICHTEN

Gib eine dünne Schicht Pulp auf die Außenseite der Schachtel. Auch der Boden kommt bei dem Projekt an die Reihe. Vermeide bei einem Klappdeckel allerdings, die scharnierartigen Falz am hinteren Ende einzustreichen, damit der Deckel für später beweglich bleibt. Warte, bis der aufgetragene Pulp getrocknet ist. Trage, wenn du möchtest, auch eine weitere Schicht auf.

4: VERZIEREN

Ist die letzte Schicht Pulp getrocknet, kannst du deinen neuen Künstlerkoffer individuell gestalten. Es gibt viele coole Arten der Verschönerung, die deinen Pappmascheekarton zum Multimedia-Projekt werden lassen! Hier sind ein paar Ideen zum Ausprobieren:

- Bedrucken mit Schablonen (siehe Projekte 30 bis 32)
- Bemalen mit Wachsmalstiften (siehe Projekte 14 und 15)
- Bemalen mit Holzkohle (siehe Projekte 10 und 12)
- Bemalen mit Malfarbe (siehe Projekte 3 und 4)
- Bemalen mit Feder und Tinte (siehe Projekte 16 bis 22)
- Bedrucken mit Naturmaterialien (siehe Projekt 29)
- Bestempeln (siehe Projekt 24)

Lasse deiner Kreativität freien Lauf und schaff dir eine farbige Welt.

Land-Art findet draußen statt und ist gemacht aus „Draußen". *Hangy thingy (Hänge-Dingsda)*
Nick Neddo und Hannah Mitchell, Polcenigo, Italien.

LAND-ART

Wer jemals in der freien Natur eine Zeichnung, ein Muster oder irgendein Gebilde mit den an Ort und Stelle vorgefundenen Materialien geschaffen hat, könnte ein Land-Art-Künstler sein. Land-Art ist eine Form von Kunst in der Landschaft. Und es ist ein Begriff aus der Kunstwelt, der auch im Deutschen gebräuchlich ist. Er bezeichnet die Erschaffung von Kunstwerken, oft Plastiken, die direkt in und unter Einbeziehung der Landschaft entstehen. Es kommen dabei die am Ort vorhandenen natürlichen Materialien wie Erde, Sand, Felsen, Blätter oder Zweige zum Einsatz. Bei Land-Art ist der Ort, an dem die Kunst geschaffen wird, ein wesentlicher Bestandteil des Werks.

Kunsthistoriker würden sagen, dass Land-Art eine Kunstbewegung ist, die während der 1960er-Jahre in den Vereinigten Staaten entstand. Aber jeder, der den *Great Serpent Mound* in Ohio, einen künstlich erbauten Erdhügel in Form einer Schlange, gesehen hat, würde dem widersprechen. Dieses riesige Hügelbild wurde vor etwa 2300 Jahren von der präkolumbianischen Adena-Kultur errichtet. Diese amerikanischen Ureinwohner sind dabei für ihre erstaunlichen Erdkunstwerke bekannt.

Und wenn man jetzt darüber nachdenkt, wie natürlich es für uns Menschen ist, Dinge mit den Händen anzufertigen, und wie lange wir schon Stöcke und Steine auflesen – ja, dann scheint es so, dass wir schon sehr lange „Land-Art-Künstler“ sind.

PROJEKT 37: NATUR-MOBILES

SCHWIERIGKEITSGRAD

MATERIAL
- 3 Zweige für die Aufhängung
- 4 Naturschätze (zum Beispiel Tannenzapfen)
- Schnur

WERKZEUGE
- Astschere
- Schere

Mobiles sind hängende Skulpturen, die sich frei in den unsichtbaren Strömungen der Luft bewegen. Das natürliche Zusammenspiel von Schwerkraft, Beweglichkeit und Balance erzeugt faszinierende Effekte. Die Bauelemente eines Mobiles lassen sich in drei Gruppen einteilen: Trägerstäbe, Schnüre und Hängeobjekte. Stäbe und Schnüre treten dabei als Konstruktionsteile oft in den Hintergrund, während das Hauptaugenmerk auf den interessanten Objekten liegt. Jeder Trägerstab ist in der Regel an einer einzigen Schnur befestigt und trägt selbst wiederum an beiden Enden je eine weitere Schnur: auf einer Seite eine mit einem weiteren Stab, auf der anderen Seite eine mit einem interessanten Objekt.

Bewegliche Kunst gibt es schon, seit die Menschen Windspiele herstellen, aber erst in den 1930er-Jahren wurde daraus eine eigenständige künstlerische Ausdrucksform. Insbesondere der Künstler Alexander Calder verbrachte sein Leben damit, Mobilekunst zu kreieren. Er inspirierte die Welt mit neuen Aspekten der plastischen Kunst.

Es gibt letztlich hunderte Möglichkeiten, ein Mobile zu bauen, ich zeige dir in diesem Projekt nur eine davon.

Mobiles sind „kinetische Kunst“: Sie bewegen sich frei im Raum.

1

2

3

1: STÄBE FINDEN

In unserem Projekt verwenden wir Zweige als Aufhängung. Sammle drei Zweige von etwas unterschiedlicher Länge. Achte darauf, dass sie nicht biegsam oder morsch sind. Da es sich um ein kleines Mobile handelt, wähle Zweige, die etwa den Durchmesser deines Daumens haben.

2: NATURSCHÄTZE FINDEN

Für dieses Mobile bauchen wir vier interessante Objekte aus der Natur. Es können vier Dinge gleicher Art sein, du kannst aber auch jedes individuell wählen. Halte Ausschau nach Federn, Knochen, interessanten Stöckchen, Muscheln, Steinen, Tannenzapfen, Rindenstücken, Geweihteilen, Samenkapseln oder etwas anderem, das Inhalt deines Kunstwerks werden soll. Schneide dir mit der Astschere zurecht, was du brauchst.

3: SCHNÜRE ANKNOTEN

Befestige an allen deinen Naturschätzen jeweils eine etwa 23 cm lange Schnur. Binde dann je eine Schnur von etwa 46 cm Länge mittig an alle Trägerstäbe, außer an den kleinsten.

Die Erbauer von Mobiles spielen mit dem Gleichgewicht, um die einzelnen Stäbe weitgehend waagrecht zu halten.

TIPP: Verwende zum Binden der Schnüre an die Stäbe einen Knoten, den du leicht noch einmal lösen kannst – wie beim Binden deiner Schuhe. Das ist wichtig, um die Schnüre verschieben und alles genau richtig ausbalancieren zu können. Wenn du am Ende zufrieden bist, wechsle auf festere, dauerhafte Knoten.

4: MOBILE ZUSAMMENBAUEN

An jedem Stab werden zweierlei Gegenstände hängen: An das eine Ende knotest du eines deiner Objekte. An das andere Ende einen der anderen Stäbe; verwende zum Verbinden der Stäbe die Schnur, die du in der Mitte befestigt hast. So gehst du mit allen Stäben vor, bis nur noch einer übrig ist. Dieser letzte Stab erhält zwei Hängeobjekte, die jeweils an den Enden festgemacht werden.

5: AUFHÄNGEN

Nachdem nun alles zusammengebunden ist, wird es Zeit, das Mobile aufzuhängen und die letzten Feineinstellungen vorzunehmen. Soll das Mobile draußen hängen, suche dir einen Bereich an einem Baum, an den du es aufhängen kannst und willst. Binde den obersten Stab mit der in der Mitte befestigten Schnur an einen stabilen Ast. Willst du das Mobile drinnen aufhängen,

TIPP: Möglicherweise brauchst du eine Trittleiter, um den besten Platz zum Aufhängen deines Mobiles wohlbehalten zu erreichen.

organisiere dir eine sichere Aufhängung, an der es nicht herunterfällt!

6: AUSBALANCIEREN

Jetzt, da das Mobile hängt, kannst du sehen, ob die Stäbe ausbalanciert sind. Ein Stab ist gut platziert, wenn er waagerecht und nicht schräg hängt. Höchstwahrscheinlich wirst du einige Anpassungen vornehmen müssen. Beginne mit dem untersten Stab. Muss er korrigiert werden, verändere die Stelle, an der der Aufhängefaden angebunden ist (nahe der Mitte). Rücke die Schnur von dieser Stelle weg, bis der Stab gerade hängt. Gehe so von unten nach oben alle Stäbe durch.

Zum Ausprobieren: Minimobiles

Wie klein kann dein Mobile sein? Wie wäre es mit einem Mobile, an dem statt der Naturobjekte jeweils ein Minimobile hängt?

Wie wäre es mit einem Mobile, das fast vollständig aus Blättern besteht? Und wie wäre es, wenn du diese zuerst mit deiner selbst gemachten Malfarbe hübsch gestaltest?

Wie wäre es mit einem Mobile mit mehr als drei Stäben?

Das wäre alles doch total cool!

PROJEKT 38: NATUR-ASSEMBLAGEN

SCHWIERIGKEITSGRAD

MATERIAL
- Fundstücke aus der Natur

WERKZEUGE
- Astschere (optional)

Eine Assemblage ist die dreidimensionale Schwester der Collage. Werden für die flachen Collage ausgeschnittene Bilder zusammengeklebt, wird eine Assemblage aus Gegenständen verschiedenster Formen und Größen gestaltet. Bei manchen Assemblagen handelt es sich um frei stehende Skulpturen, bei denen die Bestandteile miteinander in Verbindung gebracht wurden; bei andere wurden Gegenstände auf eine ebene Fläche geklebt. Möglich sind aber auch gestaltete Schaukästen, die man an die Wand hängen kann. Für dieses Projekt verwenden wir besonders interessante Dinge aus der Natur, wie du sie draußen in der Umgebung deines Zuhauses findest. Deine „Leinwand" wird dabei eine ebene Stelle im Boden sein.

Eine schöne Sache an den Natur-Assemblagen ist, dass du dafür keine speziellen Werkzeuge oder Materialien benötigst. Eine Besonderheit bei dieser Art von Kunst ist ihre Vergänglichkeit: Jeder Windstoß könnte das Gesamtbild verändern – und das ist auch völlig okay so! Dieses Projekt erinnert uns daran, den Akt der kreativen Tätigkeit selbst zu genießen und uns nicht zu sehr auf das Endergebnis zu versteifen. Machst du eine Natur-Assemblage, gehst du eine Partnerschaft mit der größten Künstlerin von allen ein: Mutter Natur selbst.

Naturmaterial-Assemblagen können spontane Aktionen sein oder bis ins letzte Detail vorgeplant werden.

3

TIPP: Bitte reiß für dein Bild keine ganzen Pflanzen aus; es ist nicht nötig, für dieses Projekt das Leben einer Pflanze zu vernichten. Verwende nur Blüten, von denen viele an einem Ort stehen. Es gibt viele gefährdete Blumen, die so, wie sie in der Natur wachsen, Kunstwerk genug sind.

1: SCHNITZELJAGD

Gehe irgendwohin, wo du interessante Naturschätze finden kannst und zumindest ein paar Handvoll von jeder Fundstückart mitnehmen darfst. Was wir gestalten wollen, ist wie ein Gemälde, nur dass du anstelle der Malfarben mit den wunderbaren Geschenken der Natur kreativ bist. Darfst du von bestimmten Objekten nur einige Exemplare mitnehmen, ist es so, als ob du nur einen Pinselstrich mit einer bestimmten Farbe machen kannst. Nimm also am besten eine große Tasche mit und fülle sie gleich mit einer größeren Anzahl oder Menge von Dingen wie Grashalmen, Kies, Samen, Steinen, toten Zweigen, Eicheln, Blättern, Sand, Muscheln, Erde, Federn oder was immer du finden kannst, das dir interessant erscheint. Je mehr Auswahl du hast, desto mehr „Malfarben“ stehen dir zu Verfügung!

2: DEN PLATZ BESTIMMEN

Wähle einen Platz zum Arbeiten und gib deiner „Assemblage-Leinwand“ eine Form. Begrenze sie mit Zweigen in Rechteck- oder Quadratform. So wird es, als hättest du ein normales Stück Papier vor dir. Oder bilde einen Kreis oder eine andere Form aus egal welchem Material. Alles, das dir gefällt, ist passend. Die Innenfläche dieses Rahmens ist der Platz, an dem deine Assemblage entsteht.

3: FARBENPALETTE ZUSAMMENSTELLEN

Lege die verschiedenen Objekte, die du gesammelt hast, in Gruppen zu einzelnen Haufen. Breite sie neben deiner „Leinwand“ aus, wo du sie im Blick hast und leicht erreichen kannst. Auf diese Weise kannst du während des Arbeitens besser darüber entscheiden, wie es weitergehen soll.

Verwende alle deine Materialien, um unterschiedliche Linien zu zeichnen. Stelle dir vor, du skizzierst.

Experimentiere mit der Anordnung der Dinge und spiele in deinem Entwurf mit ihren verschiedenen Farben und Strukturen.

4: LINIEN LEGEN

Spiele mit jeder einzelnen Gruppe von Gegenständen, die du gesammelt hast. Lege verschiedene Arten von Linien und reihe die einzelnen Gegenstände unterschiedlich auf. Manchmal erhältst du dünne Linien, wenn du sie auf eine bestimmte Weise anordnest, und dicke Streifen, wenn du sie auf eine andere Weise legst. Linien können in Schlangenlinien verlaufen, gebogen, geschwungen, zickzackförmig oder gerade sein – das liegt bei dir! Verwende eine Gartenschere, wenn du deine Materialien zurechtschneiden musst.

5: FIGUREN LEGEN

Bilde im nächsten Schritt mit einigen deiner Linien geometrische Figuren: vielleicht Kreise mit dem einem Material, Dreiecke und Quadrate mit den anderen. Wähle auch welche aus, um mit ihnen die Innenflächen deiner Formen „auszumalen“. Bedecke die gesamte Fläche deiner „Leinwand“ mit dem, was du gesammelt hast. Wenn du deine Leinwand vergrößern möchtest, ist das kein Problem. Das Experimentieren macht einen großen Teil des Spaßes aus, also spiele mit verschiedenen Mustern nach Lust und Laune herum!

Stell eigene Regeln auf

Denke daran, dass eine Assemblage nicht flach sein muss wie ein Gemälde. Sie kann Dinge enthalten, die in Gruppen aufeinandergetürmt sind oder aus dem Boden ragen. Du kannst deine Assemblage zu einer Skulptur aufbauen, die so groß ist wie du selbst. Und wer sagt, dass sich diese auf dem Boden liegend befinden muss? Du kannst eine Assemblage an einem Baumstamm oder an einer Felswand schaffen, wenn du willst. Du bist der Künstler und machst deine eigenen Regeln!

Zum Ausprobieren: Feenhäuser

Ein Feenhaus ist im Grunde eine Natur-Assemblage, in der eine kleine Fee hausen könnte. Das einzige „Muss" an einem Feenhaus sind Wände und Dach. Stelle dir das wie ein Spielen mit Bausteinen in der Natur vor. Zu Hause mit Spielzeug-Bausteinen kreativ zu sein, das ist prima, aber in der Natur ist es noch besser. Jedes Teil hat seine eigene, einzigartige Form, Größe, Farbe und Oberflächenbeschaffenheit, alle sind kostenlos und du kannst dir genau die Stücke zusammensuchen, die dir am besten gefallen! Jedes Fleckchen Landschaft ist besonders und auf seine Weise interessant, denn es bietet dem Erbauer eines Feenhauses ein eigenes Sortiment an Natur-Bausteinen. Das sind die Gründe, warum ich Feenhäuser liebe:

- Sie sind supersüß und cool.
- Sie sind in reinster und natürlichster Form Ausdruck für kindliche Kreativität und Einfallsreichtum.
- Sie lehren, wie man wichtige technische Probleme löst.
- Sie sind ein Spaß für alle Altersgruppen.
- Sie können einfach, aber auch extrem aufwendig gestaltet werden.
- Sie ermöglichen eine direkte Interaktion mit der Natur – sowohl auf kreativer als auch auf analytischer Ebene.

Ich glaube sogar, es wäre gut für die Welt, wenn auch mehr Erwachsene Feenhäuser bauen würden. Nur zu, ihr, den Kinderschuhen schon so lang entwachsenen Erwachsenen, ich gebe euch die Erlaubnis!

DANKSAGUNG

Dank an all die Kinder, mit denen ich in den letzten zwanzig Jahren gearbeitet und gespielt habe: Ihr seid eigentlich die Lehrer gewesen. Unendliche Dankbarkeit gegenüber unseren Vorfahren, deren tiefe Verbundenheit mit dem Leben auf der Erde uns bis zum gegenwärtigen Augenblick getragen hat. Meinen aufrichtigen Respekt für die indigenen Völker und Stammesgemeinschaften aller Zeitalter und überall auf der Welt. Sie sind diejenigen, die der heutigen Menschheit den Fahrplan zurück zu wahrer Zivilisiertheit und ökologischer Gesundheit weisen. Zutiefst empfundener Dank an die Freundschaft von Motten, Schlangen und Kiefern. Unendliche Dankbarkeit gegenüber meinen anderen Lehrmeistern: all den Lebewesen, die in diesem Buch und außerhalb davon vorkommen. Meinen aufrichtigen Dank an alle Familien, die sich bereit erklärt haben, Teil dieses Buches zu sein! Riesiges Dankeschön an Sarah Shapiro, meine liebe Weggefährtin in diesem Leben; deine Unterstützung sucht ihresgleichen. Danke für deine ausdauernde Geduld und Wertschätzung. Danke für das Korrekturlesen und Lektorieren. Danke, dass du meine kreativen Exzentrizitäten mit Humor nimmst (und ehrst) und meine „Spezialprojekte" all die Jahre toleriert hast. Ein großes Dankeschön an Carolyn und Andy Shapiro für ihre wunderbare Großherzigkeit und ihre vielgestaltige Unterstützung. Ein Wort großen Danks an meine Eltern, die mich als Kind ermutigt haben, mein kreatives Potenzial zu erkunden: Das ist ein riesiges Geschenk! Ebenso an meine Großmutter, Irene. Danke, Mutter Erde, dass du uns das Leben geschenkt hast und dich trotz allem gnädig um uns kümmerst. Danke an das Große Mysterium und die Heilige Frage, die meine Neugier wachhalten. Oh, und danke an Ambers Pizza für die besondere Unterstützung, die ihr mir von Anfang bis Ende entgegengebracht habt.

ÜBER DEN AUTOR

Nick Neddo ist kreativ tätig, seit er das erste Mal einen Buntstift halten konnte. In seiner Kindheit durchstreifte er die Feuchtgebiete, Wälder und Felder seiner Bioregion und entwickelte dabei tief empfundene Neugier, Wertschätzung und Liebe für die Natur. Schon als Jugendlicher identifizierte Nick die Grundthemen, die zu seinem Lebensinhalt werden sollten: Erkundung der Naturwelt, steinzeitliche Technologien und künstlerisches Schaffen. Im festen Glauben, dass es von ganz eigenem Wert ist, sich mit diesen Themen zu beschäftigen, begreift er sich als lebenslang Lernender. Hier treibt ihn ein unstillbarer Wissensdurst an – seine große Liebe zur Natur und zum kreativen Prozess spielt überdies eine Rolle. Prähistorische Kultstätten zu sehen, die Sehnsucht nach Wildnis sowie danach, alte Handwerkskünste kennenzulernen und majestätische Landschaften zu erleben, waren Antrieb für seine Reisen und sind häufige Themen seiner Kunstwerke.

Nick Neddo lehrt seit dem Jahr 2000 Survival- und Bushcraft-Techniken, Spurenlesen, Zeichnen und Naturbewusstsein. Seine aktuellen künstlerischen und kreativen Arbeiten sowie seine Workshop-Termine findet man unter www.nickneddo.com.

STICHWORTVERZEICHNIS

S

T

W

Z